"모두가 한 방향으로만 향하면 세계는 기울어지고 말 것이다."
남보다 뛰어난 사람이 아니라 남과 다른 사람이 되라는 말이다.

"예전에는 큰 물고기가 작은 물고기를 잡아먹었던 시대라면,
미래에는 빠른 물고기가 느린 물고기를 잡아먹을 것이다."
-클라우스 슈밥

좋은 사람을 만나면 좋은 사람이 줄줄이 함께 온다.
서로 긍정적인 영향을 주고받기 때문이다.

"사람들이 세상을 정면으로 바라볼 때
우리는 입체적으로 바라본다."
-탈무드

부모라면
놓쳐서는 안 될
유대인
교육법

부모라면 놓쳐서는 안 될
유대인 교육법

펴낸날 2020년 4월 10일 1판 1쇄
2020년 4월 30일 1판 2쇄

지은이 임지은
펴낸이 김영선
교정·교열 이교숙, 남은영
경영지원 최은정
디자인 현애정
마케팅 신용천

펴낸곳 (주)다빈치하우스-미디어숲
주소 경기도 고양시 일산서구 고양대로632번길 60, 207호
전화 (02) 323-7234
팩스 (02) 323-0253
홈페이지 www.mfbook.co.kr
이메일 dhhard@naver.com (원고투고)
출판등록번호 제 2-2767호

값 14,800원
ISBN 979-11-5874-066-5

이 도서의 국립중앙도서관 출판예정도서목록(CIP)은 서지정보유통지원시스템 홈페이지(http://seoji.nl.go.kr)와 국가자료
공동목록시스템(http://www.nl.go.kr/kolisnet)에서 이용하실 수 있습니다.(CIP제어번호: CIP2020007390)

평범한 아이도 미래 인재로 키우는 유대인 자녀교육 6가지 키워드

Learning power

Mensch

부모라면
놓쳐서는 안 될

Jewish Education Law

유대인
교육법

임지은 지음

Creativity

Collaboration

Adversity Qoutient

Economic Literacy

미디어숲

유대인들의 지속적 성공에는
그들 고유의 사고방식이 바탕에 깔려 있다!

　우리 사회는 지난 70년간 세계가 놀랄 정도로 눈부시게 발전해 왔다. 그러나 최근 답답하게 정체된 모양새다. '한강의 기적'이라는 표현으로 대변되는 한국적 경제성장 모델이 더는 통하지 않는다는 위기감이 감돌고 있다.

　수많은 해외 경제학자와 전문가들이 우리가 한강의 기적을 이루어낸 이유로 잘 교육받은 양질의 인적 자원을 보유한 데 있다고 말한다. 천연자원이 부족한 우리 실정을 보았을 때, 앞으로도 우리 사회 구성원들 각자의 지적 역량과 수준이 모여 사회 전체의 경제적, 사회적, 문화적 위치를 결정할 것이다.

　그렇다면 우리의 미래를 만들어갈 교육이 잘 이루어지고 있을까? 앞으로 다가올 4차 산업혁명 시대를 잘 대비하고 있을까? 안타깝게도 이에 대한 답은 '아니다'다. 예전 산업화 시대에나 통했을 획일적인 암기식, 객관식 문제 풀이 교육을 여전히 반복하고 있다. 구시대적 교육을 답습하면서 상황이 좋아지기를 기대할 수는 없다.

다른 나라들은 이미 발 빠르게 새로운 시대를 준비하고 있다. 상자 밖으로 나와서 한국 사회 바깥을 바라볼 때 어떤 집단이나 사회가 눈에 띄는가? 어떤 민족이나 집단이 지속적인 성공을 하고 있는가? 지구상에는 많은 국가와 민족이 있고, 그들 고유의 성취와 위대함이 있다. 하지만 객관적인 시각에서 볼 때 정치, 경제, 문화 등 여러 분야에서 유대인들의 성취는 독보적이다. 수없이 많은 유대인이 인류 역사에 큰 발자취를 남겼고, 지금도 계속되고 있다.

나는 2010년부터 유대인들과 일해왔다. 처음에는 이스라엘 모바일 교육 플랫폼 기업의 한국 대표로, 그다음에는 요즈마 그룹 코리아에서 한국과 이스라엘의 다양한 관련 인사들을 만나고 수시로 이스라엘을 방문했다. 유대인들의 사고방식이 반영된 교육 플랫폼을 다루었기 때문에 그들의 사고방식을 충분히 가까이에서 접할 수 있었다. 이는 4차 산업혁명 시대에 요구되는 창의성과 문제 해결 능력을 키우는 데 매우 적합하다. 여기에 대단한 비밀이 숨겨져 있는 것은 아니다. 알고 보면 지극히 상식적이다. 단지 그들은 가정에서 학교에서 실천해 왔을 뿐이다.

미국의 구글, 페이스북 등 첨단 IT 산업은 유대인들이 주도하고 있으며 이스라엘 또한 '창업 국가'로 유명하다. 이스라엘은 인구 대비 창업 기업 수, 특허 출원 수, 박사학위 보유자 수 등에서도 모두 세계 1위다. 나스닥 상장 기업 수는 미국, 중국 다음이다. 인공지능AI 산업의 수준은 미국 다음으로 중국과 어깨를 나란히 한다. 인구 9백만이라는 나라 규모를 생각하면 정말 대단한 일이다. 이스라엘은 혁신적 기업들이 끊이지 않고 나타나는 화수분 같은 나라, 황금알을 낳는 거위 같은 나라다.

지난 10년간 유대인들과 부대끼며 일해 온 내 경험에서 볼 때, 이는 앞으로도 계속될 것 같다. 부러운 일이다. 유대인들의 지속적 성공에는 그들 고유의 사고방식이 바탕에 깔려 있다. 이는 유대 사회에서 기나긴 역사를 통해 이어져 왔다. 미국이나 유럽, 이스라엘 등 장소와 국적을 불문하고 유대인 사회의 바탕에 흐르는 사고방식이다.

임지은 저자가 이러한 유대인들의 사고와 교육 방식에 관한 책을 출간하여 무척 반갑다. 많은 부모와 교육 관계자에게 미래 교육과 인재에 대한 통찰을 주리라 기대되기 때문이다. 저자와 수년간 독서 모임을 같이 하면서, 다양한 분야의 책을 읽고 토론해왔다. 오랜 기자 생활에서 다져진 필력과 다방면의 지적 호기심, 해외 생활의 경험이 어우러져 자녀를 둔 부모들에게 의미 깊은 교육적 메시지를 전하고 있다. 독자 여러분의 일독을 권한다.

채창환(이스라엘 투자 전문가, 국제 변호사)

'공부'라는
하나의 잣대에서 벗어나라

"아프리카 원시 부족이 강 부근에 살고 있었다. 어느 날 백인들이 나타나 강 상류에 거대한 댐을 짓기 시작했다. 댐이 완공되면 강물이 말라 원시 부족이 살고 있는 곳에는 큰 변화가 일어날 상황이었다. 원시 부족들은 그걸 모르고 자식들에게 물고기 잡는 법, 카누 만드는 법, 사냥법, 농사법 등을 그대로 가르쳤다. 댐이 완성되자 부족과 문명은 지구상에서 흔적도 없이 사라졌다."

저명한 미래학자 앨빈 토플러가 세운 가상 시나리오입니다. 강 상류에 거대한 댐이 지어지고 있는 사실을 모른 채 하루하루 살아가는 원시 부족들. 삶의 터전이 사라질 위기 속에서 이제껏 살던 방식을 자식들에게 가르치는 그들의 모습이 우리의 모습은 아닐까요? 진화론자 찰스 다윈의 말이 떠오릅니다.

"살아남는 종은 가장 강한 종도, 가장 지적인 종도 아닌, 변화에 가장 유연하게 적응하는 종이다."

우리는 지금 기술 진화의 역사적 변곡점을 넘고 있습니다. 스스로 학습하는 딥러닝 기술을 탑재한 '알파고'가 인류 대표 이세돌을 이긴 것은 서막에 불과했습니다. 이미 인공지능AI은 자율주행 자동차와 로봇, 스마트홈, 모바일 메신저, 금융 투자 자문, 신약 개발과 질병 진단 등으로 생활 깊숙이 스며들고 있습니다. 전문가들은 AI가 인간의 지능을 뛰어넘는 시기, 그 특이점Singularity을 2045년으로 보고 있습니다. 머지않아 기존의 일자리들이 수없이 로봇으로 대체되고, 또 새로운 직업들이 무수히 생겨날 전망입니다. 드론, 3D 프린터, 사물인터넷, 가상현실, 증강현실 등 첨단 과학기술도 엄청난 속도로 발전을 거듭하고 있습니다.

우리가 상상치도 못한 세상을 살아갈 '신인류'를 어떻게 길러야 할까요? 불안한 미래에 부모들은 고민이 많을 수밖에 없습니다. 저 역시 일과 육아를 병행하면서 가장 고민이 컸던 부분이 아이 교육이었습니다. 내 아이를 믿는다고 해도 엄마의 불안한 마음은 어쩔 수가 없었습니다. 단답형 시험으로 줄 세우기 식의 교육에서 '승자'가 되려면 남보다 일찍, 많이 외우는 공부를 시작하는 것이 당연히 유리하니까요. 아이가 커갈수록 영재학원, 논리학원, 독서토론학원까지 다니는 아이들이 점점 많아졌습니다. 놀 시간이 없으니 운동도 학원에 가서 해야 하는 것이 현실입니다.

저는 조금 다르게 키우고 싶었습니다. 선행학습으로 남들보다 빨리 배우고, 외우고, 시험 보고, 잊어버리기를 반복하는 공부의 한계를 제 경험으로, 온몸으로 느꼈기 때문입니다. 사회에 나와 보니 학벌과 스펙은 딱 입사하기 위한 도구, 그 이상도 그 이하도 아니었습니다. 인생이라는 긴 여행에서 필요한 역량이 예를 들어 100가지라면 우리는 딱 한 가지 '공부'라는 잣대로 아이들을 바라보고 있는 것은 아닐까요? 리더십, 인성, 토론 능력 등은 '있으면 좋고 없어도 그만'인 것으로 치부해왔습니다. 그러나 이미 글로벌 기업들은 인재상으로 남다른 창의력, 타인과 소통하고 협업하는 능력, 비판적 사고, 지적 겸손 등을 내세웁니다. '혼자 똑똑한 사람'이 아니라 '함께 일해볼 만한 사람'을 원합니다. '생각하는 힘'을 가진 인재를 뽑습니다.

한국의 획일화된 주입식 교육에 회의적인 시각을 갖고 있던 남편과 함께 미래 인재 교육법을 모색하던 중 삶의 터전을 브라질로 옮기면서 유대인 교육법을 만났습니다. 광활한 브라질에서도 소수에 불과한 유대인은 그들만의 독보적인 교육을 통해 사회 주류로 자리 잡고 있습니다. 저는 유대인 교육 자료들을 취합하고 직접 유대인을 만나면서 놀라지 않을 수 없었습니다. AI 시대, 미래 교육을 지향하는 선진국 교육 시스템이 바로 유대인 교육의 핵심을 옮긴 듯했기 때문입니다.

반만년 이어져 내려온 유대인 교육법은 미래 인재 역량을 키울 수 있는 A to Z를 담고 있습니다. 단언컨대, 유대인은 머리가 좋게 태어나는 것이 아니라 머리가 좋게 만들어집니다. 어릴 때부터 배움은 달콤한 것이라고 배우는 유대인은 평생 공부하고, 독서와 토론을 생활화합니다. 무섭게 읽고 토론하고 논쟁하는 과정에서 '생각하는 힘'과 소통 능력을 기릅니다. 기존의 학설이나 권위, 나이에 연연하지 않고 의문을 제기하며 꼬리에 꼬리를 물고 질문합니다. 그 어떤 것도 당연하게 받아들이지 않고 물음표를 던지는 것은 창의력의 토대가 됩니다.

그뿐만 아니라 아이 한 명 한 명의 개성을 존중하고 키워 주는 교육법으로 단 한 명의 낙오자도 없이 100이면 100명을 1등으로 키워냅니다. '베스트'보다 '유니크'를 지향하는 유대인은 아이를 절대 그 누구와도 비교하지 않습니다. 아이의 강점을 찾아 키워 주는 것을 부모의 역할이자 의무라 여기기 때문입니다. 그렇기에 남보다 '잘하기'를 강요하지 않고 '다르게' 하는 것이 중요하다고 가르칩니다. 나아가 결과보다 과정을 중시하고, 실패 또한 소중한 경험이자 과정이라고 강조합니다. 실패를 장려하고 격려하는 분위기 속에서 아이는 계속 도전하고 끝까지 해내는 힘을 기릅니다. 그 과정을 통해 스스로에 대한 끈질긴 믿음, 자신감을 얻습니다.

아울러 유랑민족의 DNA를 가진 이들은 어떤 상황에서도 적응하고 살아남도록 강하게 키웁니다. 2000년 넘게 나라 없이 떠돌면서도 이들이 정착하는 곳마다 경제적 번영을 이룰 수 있었던 것도 철저한 경제 교육 덕분입니다. 유대인은 아이가 어려서부터 집안일을 통해 용돈을 스스로 벌도록 합니다. 아이가 성인식에서 받은 목돈은 주식, 채권, 예금 등에 분산 투자하도록 가르치면서 '돈이란 불리는 것'임을 주지시킵니다.

특히 자선을 신이 내린 의무로 여기는 유대인은 아이가 어려서부터 자선함에 동전을 넣게 합니다. 세상을 이롭게 만든다는 이념인 '티쿤 올람' 사상을 자선을 통해 실천하는 것입니다. 유대인 가운데 거액 기부자가 많은 배경입니다. 이와 함께 남에게 베푼 선행이 결국 자신을 행복하게 한다는 인생 진리도 아이의 마음에 담아 줍니다. 또 안식일을 철저히 지킴으로써 사색하고 재충전하는 시간을 갖고, 가족들과 따뜻한 대화를 통해 정서적 지지를 주고받습니다.

아인슈타인, 토머스 에디슨, 프로이트, 마르크스, 로스차일드, 록펠러, 조지 소로스, 스티븐 스필버그, 마크 저커버그, 래리 페이지, 세린게이 브린, 마이클 블룸버그… 이름 앞에 수식어도 필요 없는 수많은 이들이 유대인입니다. 인류사에 큰 발자취를 남긴 '유대인 파워'는 지금도 현재진행형입니다. 대학 졸업생의 80~90%가 창업에 나서는 이스라엘은 말 그대로 '창업 국가'입니다. 미국 실리콘밸리에서는 유대인 파워가 하도 거세 'J커넥션(유대인 인맥)'이라는 음모론을 제기하기까지 합니다. 그뿐인가요. 노벨상 수상자의 약 30%, 미국 아이비리그 대학 교수의 3분의 1 이상이 유대인입니다. 창의적이고 소통에 능한 유대인들의 힘은 다가올 미래에 더욱 거세질 것으로 보입니다.

이스라엘과 우리나라는 공통점이 많습니다. 좁은 땅덩어리에 가진 것이라곤 인적 자원밖에 없고, 교육열도 세계 둘째가라면 서럽습니다. 해외에서는 우리 민족을 '동방의 유대인'이라 일컫기도 합니다. 그러나 교육의 결과 면에서는 아쉬운 점이 없지 않습니다. 유대인은 자녀 한 명 한 명을 '창의 특전사'로 만들어 세상을 바꾸고 있습니다. 유대민족의 힘을 키워가고 있습니다. 전 세계 0.2% 인구로 세계 최강 인재풀을 형성하고 있는 유대인. 이 책은 5000년을 관통해 미래로 향하는 이들의 '인재 육성 바이블'입니다. 저는 우리 아이들의 미래, 나아가 우리나라의 미래가 교육에 달려 있다고 믿습니다. 모쪼록 이 책이 아이의 미래를 멀리 밝히는 '등대 부모'들의 나침반이 되어 주기를 바라는 마음입니다.

저는 유대인 전문가도 아니고, 유대인 찬양론자는 더욱이 아닙니다. 다만 이들의 교육 방식을 연구하다 보니 우리가 배울 점이 분명했고, 이것을 받아들여야 한다고 생각했습니다. 사실 유대인의 가정 교육을 그대로 실천하기란 현실적으로 쉽지 않습니다. 베갯머리 독서, 밥상머리 대화, 하브루타식 토론…. 바쁜 부모들에게 혹여 마음의 짐을 더하는 건 아닌지 걱정이 앞서기도 합니다. 저 또한 아이와 살을 맞대고 책을 읽으며, 대화하는 시간에 늘 부족함을 느낍니다. 그러나 믿습니다. 아이를 한 인격체로서 존중하고, 개성을 키워 주는 부모의 태도가 아이를 잘 인도할 것임을 말입니다. 그래서 오늘도 유대인 부모처럼 끊임없이 묻습니다.

"네 생각은 어때?"

이 책을 쓰는 작업은 나를 알아가고, 다시 키우는 시간이기도 했습니다. 끊임없이 배움을 즐기고, 실패를 감수할 용기를 내고, 힘들

땐 웃음과 낙관으로 가볍게 넘어갈 것을 마음에 새겼습니다. 비교하지 않으며 나에게 집중하고 어떤 순간에도 나다움을 잃지 않을 것입니다. 감사할 것입니다. 더불어 세상을 이롭게 만드는 데 작은 보탬이 되는 인생이기를 다짐해 봅니다.

축구 선수, 과학자, 공룡 뼈를 찾는 고고학자, 작가, 화가, 건축가…. 꿈이 많은 아들 태윤이, 항상 유쾌하고 따듯한 남편 홍상범에게 고맙고, 사랑한다는 말을 전하고 싶습니다. 원고를 근사한 책으로 만들어 주신 미디어숲 김영선 대표와 이교숙 편집장께도 고개 숙여 감사드립니다. 바쁜 일정 속에서도 책을 꼼꼼히 읽고 추천사를 써 주신 채창환 선배께 마음의 빚이 큽니다. 책이 나오기까지 양가 부모님, 친구들과 선후배, 지인들이 조언과 격려를 아끼지 않았습니다. 살면서 차근차근 이 빚을 갚아가겠습니다. 이 책을 교육자이자 언론인, 시인이셨던 외할아버지, 살매 김태홍 선생께 바칩니다.

저자 임지은

차례

공부를 즐기는 아이
- 유대인의 공부를 대하는 자세

미래 역량 05

역경은 아이를 강하게 한다
-유대인 역경 교육

미래 역량 06

내 아이의 경제 머리를 키워라
-유대인 경제 교육

Jewish Education Law

유대인은 머리가 좋게 태어나는 것이 아니라 머리가 좋아지도록 교육받는다.
그 방법이 바로 하브루타다.

미래 역량

01

공부를
즐기는 아이

- 유대인의 공부를 대하는 자세 -

인공지능이 우리 삶에 깊숙이 자리 잡아 앞으로 세상은 시시각각 빠르게 변화해 갈 것입니다. 지식의 유통기한도 짧아져 어제의 지식이 오늘은 적용되지 않을 수도 있어요. 스마트폰 하나만 들고 있으면 어디서든 원하는 지식을 찾을 수 있는 시대예요. 정보의 홍수 속에서 비판적 사고를 갖고 해답을 찾아가는 능력이 필요합니다. 머릿속에 지식을 더 많이 집어넣기 위한 암기식 공부로는 경쟁력이 없습니다. 미래 교육은 지식 중심이 아니라 학습할 수 있는 능력을 기르는 교육이 우선돼야 합니다. 이를 위해 필요한 것이 비판적 사고력과 문제 해결 능력입니다.

우리 아이들은 학교에서 배운 것보다 스스로 배워나가야 할 것들이 훨씬 많아요. 유대인이 끊임없이 읽고, 토론하면서 지식과 지혜를 새롭게 받아들이듯 유대인의 공부법에서 그 힌트를 찾아보세요.

말하는 공부법,
하브루타로 메타인지를 높인다

말로 설명하지 못하는 것은 내가 아는 것이 아니다.
내가 무엇을 알고 무엇을 모르는지 알게 하는 하브루타.

　미국 뉴욕에 있는 유대인 명문 종합대학인 예시바대학교. 이곳 도서관은 시골 장터보다도 더 시끄럽다. 도서관 하면 으레 기침 소리도 함부로 내기 힘들 만큼 조용한 곳으로 알지만, 이곳은 다르다. 학생들은 둘씩 마주 보고 앉아 짝을 짓고, 끊임없이 토론한다. 때로는 목소리가 커져 마치 싸우는 것처럼 보이기도 한다. 이것이 유대인 특유의 전통 학습법인 '하브루타'이다.
　'하브루타'란 히브리어로 '친구'라는 뜻에서 나온 말로, 둘씩 짝을 이루어 서로 질문을 주고받으며 논쟁하는 토론식 공부법이다. 이들은 나이와 성별, 계급에 차이를 두지 않고 동등한 친구 사이로 서로 배우고 가르친다. 토론이 끝나면 서로의 역할을 바꾸어 다시 한 번 토론한다. 이렇게 역할을 바꾸어 토론하는 과정에서 서로의 의견을 설득하기도 하고, 다른 사람의 의견을 들으면서 자신의 의견을 굽히기도 한다. 이러한 과정을 거치며 정확하게 알지 못했던 내용을 깨달으며 이해할 수 있게 된다.

유대인의 역사는 한마디로 고난의 역사였다. 오랜 세월 나라 없이 떠돌며 핍박받던 이들은 머릿속 지식만이 빼앗기지 않는다고 믿었다. 그 때문에 언제 어디서든 배움에 최선을 다했다. 배울 수 있는 환경이 갖춰지지 않았을 때도 이들은 스승 없이 서로 배울 수 있는 방법을 찾았다. 그것이 '하브루타'다. 유대인은 어렸을 때부터 유대교 경전인 『탈무드』를 공부할 때 이와 같은 방식으로 공부한다.

부모와 교사는 학생이 마음껏 질문할 수 있는 환경을 만들어 주고 학생이 스스로 답을 찾을 수 있도록 유도하는 역할을 한다. 누가 일방적으로 가르치는 것이 아니기 때문에 아이들은 수평적 관계 속에서 자유롭게 사고하고 표현한다. 이 과정에서 비판적 사고와 창의력이 길러진다.

메타인지가 높은 아이가 공부를 잘한다

과연 '하브루타'는 효과가 있을까? EBS 〈왜 대학에 가는가?〉의 제작팀은 하브루타의 효과를 검증했다. 대학생 20여 명을 두 팀으로 나눴다. 한 팀은 역사책을 혼자 공부하도록 했고, 다른 한 팀은 둘씩 짝을 지어 공부하라는 지침을 내렸다. 그리고 세 시간 후, 두 팀은 한 자리에서 시험을 치렀다. 결과는 놀라웠다. 혼자 책을 읽고 공부를 한 학생들보다 짝을 지어 설명하면서 공부한 학생들의 점수가 거의 두 배 가깝게 나타났다. 짝을 지어 공부한 팀에 참여했던 한 학생은 "설명을 하면서 내가 아는 것은 넘어가고, 모르는 것은 말을 함으로써 이해가 더 잘 되고, 기억에 남았다"라고 말했다. 반면 혼자 공부한 학생은 "분명히 외웠던 것인데, 막상 시험 문제에 나오니까 기억이 잘 나지 않았다"라며 안타까움을 나타냈다.

메타인지 이론에 따르면 하브루타 공부법의 효과는 전혀 놀라운 것이 아니다. 일반적으로 하는 생각을 '인지'라고 부른다면 메타인지는 '인지함을 인지하는 것' 또는 '알고 있음을 아는 것'을 의미한다. '메타인지 능력'은 자신을 객관적으로 바라봄으로써 자신의 장점과 단점, 아는 것과 모르는 것을 명확히 파악하는 능력이다. 즉 '나 자신을 아는 것'이 메타인지 능력의 핵심이다.

'하브루타'는 말하는 공부법이다. 아이들은 자기가 읽고 이해한 것을 자신만의 언어로 설명해야 한다. 말로 설명하다 보면 정확하게 알지 못하는 부분을 알게 된다. 유대 격언에도 "말로 설명하지 못하는 것은 아는 것이 아니다."라는 말이 있다. 유대인 아이들은 하브루타를 통해 메타인지 능력을 키워 간다.

메타인지 능력이 뛰어난 아이들의 학업 능력이 우수하다는 실험도 있다. EBS의 〈학교란 무엇인가〉 다큐멘터리 프로그램은 '0.1%의 비밀' 편에서 공부 잘하는 학생들의 비결을 탐구했다.

수능 모의고사 전국석차 상위 0.1%에 들어가는 8백 명의 학생과 평범한 학생 7백 명을 비교하면서, 두 그룹 간 어떤 차이가 성적 격차로 이어지는지를 들여다본 것이다.

제작진은 이들의 학습능력 차이를 알아보기 위해 서로 연관성 없는 단어 25개를 3초씩, 75초간 보여준 뒤 얼마나 기억하는지 묻는 실험을 했다. 학생들에게 '방금 본 단어 중 몇 개나 기억할 수 있는지' 예상치를 묻고, 실제 기억하는 단어를 답하게끔 했다.

수능 상위 0.1% 학생이 더 많은 단어를 기억했을 것이란 예상과 달리 기억하는 단어의 개수에서는 유의미한 차이가 없었다. 제작진이 여러모로 조사해 봤지만, 0.1%에 속하는 학생들은 평범한 학생들에 비해 지능지수가 별로 높지도, 생활습관이 특별하지도 않았고, 부모의 경제력이나 학력에서도 큰 차이가 없었다. 그러다가 다음과 같은 연관성을 발견했다.

0.1% 그룹의 학생들은 예상한 점수와 실제 기억한 단어 수가 거의 일치했다. 반면 일반 학생들은 예상 점수와 실제 점수가 크게 달랐다. 10개를 맞힐 것이라고 예상했는데 4개를, 5개를 맞힐 거라고 생각했는데 8개를 맞혔다. 실제 결과가 스스로 기대한 것과는 딴판으로, 들쭉날쭉했다. 요컨대 0.1% 그룹의 학생들은 자신의 실력을 정확히 알았고, 일반 학생들은 그러지 못한 것이다.

메타인지를 높이는 최적의 공부법

하브루타는 메타인지를 높이는 최적의 공부법이다. 텍스트를 읽은 뒤 말로 설명할 수 있어야 제대로 이해했다고 할 수 있다. 누구나 이런 경험을 해본 적이 있을 것이다. 분명히 책을 읽었는데 무슨 내용인지 말로 설명하지 못할 때 말이다. 그것은 책을 충분히 소화하지 못했다는 의미다. 나의 지식이 아닌 것이다. 자신의 입을 통해 묻고 설명함으로써 자신이 아는 것과 안다고 착각하는 것이 분명해지고 자신의 진짜 생각이 키워진다.

공부를 잘하는 아이는 자신이 아는 것과 모르는 것을 정확하게 파악하는 메타인지가 높았다. 메타인지가 잘 형성된 아이는 자기 주도 학습능력 또한 뛰어났다. 이들은 자신이 부족한 부분만 보충하는 용도로 사교육을 활용했다. 반면 메타인지가 부족한 아이는 자기에게 부족한 것이 무엇인지 모르기 때문에 불안한 마음으로 학원에 의존한다. 그러다 보면 학습 시간을 효율적으로 활용하지 못하고 피로감만 가중된다.

미국교육연구소NTL에서 발표한 '학습 피라미드'에서도 하브루타의 효과를 짐작할 수 있다. '학습 피라미드'는 다양한 방법으로 공부한 뒤, 24시간 후에 기억하고 있는 비율을 피라미드로 나타낸 것이다.

강의 전달 설명은 5%, 읽기는 10%, 시청각 교육은 20%, 시범이나 현장견학은 30%의 효율성을 갖는 것으로 나타났다. 학교나 학원에서 교사가 강의를 통해 설명하는 교육은 5%에 불과하고, 학생들이 책상에 앉아 열심히 읽으면서 공부하는 것이 10%, 시청각 교육은 20%에 불과한 것이다. 그런데 토론은 50%, 직접 해보는 것은 75%, 다른 사람을 가르치는 것은 90%의 효율을 갖는다. 즉, 친구에게 설명하면서 1시간 공부한 사람과 같은 효과를 얻으려면 읽기는 9시간, 강의를 듣는 것은 18시간을 해야 하는 셈이다.

하루 10분 아이와 대화하기

말하는 공부법 '하브루타'의 효과는 탁월하다. 이를 잘 알면서도 우리는 여전히 구시대적 교육을 하고 있다. 교사가 일방적으로 가르치고, 아이들은 이것을 받아 적고, 시험 보고 잊어버리는 공부를 반복한다. 자신이 아는 것을 말로 설명해보지 않기 때문에 무엇을 알고, 무엇을 모르는지 확인하기가 쉽지 않다. 학자들은 메타인지를 발달시킬 기회를 얼마나 얻느냐에 따라 메타인지 능력이 발달하기도, 퇴보하기도 한다고 설명한다.

유대인은 약 1,500만 명으로 우리의 3분의 1이 채 되지 않는다. 그런데 이들이 세계에서 차지하는 무게감은 그 어떤 민족보다 묵직하다. 세계 0.2% 남짓한 인구, 평균지능IQ 45위 정도임에도 그들은 여러 분야에서 탁월한 성과를 보인다. 그 비결은 이들의 특별한 공부법, 하브루타에 있다.

유대인은 공부를 잘하도록 도와주는 하브루타를 통해 평생 배움을 실천한다. 미래학자 버크민스터 풀러는 '지식 두 배 증가 곡선'으로 인류의 지식 총량이 늘어나는 속도를 설명한다. 19세기까지는 지식 총량이 100년마다 두 배씩 늘었지만 1900년대부터는 25년으로 빨라졌다는 것이다. 더 놀라운 것은 2030년이 되면 3일로 단축되고, 이후로는 12시간마다 지식이 두 배씩 늘어난다고 예측했다.

다가올 미래에는 끊임없이 배워야 한다. 어제의 지식이 오늘은 유효하지 않을 수 있다. 학교에서 배운 것보다 혼자 배워나가야 할 것들이 훨씬 많아질 것이다. 그런 의미에서 배우는 방법을 익히는 것은 매우 중요하다.

배움의 첫 단추는 텍스트를 정확히 이해하는 것이다. '하브루타'는 책을 읽고 온전히 '내 것'으로 소화해내는 공부법이다. 아이에게 말하는 공부법 '하브루타'를 해보자. 지금이라도 아이와 짝을 지어 대화를 나눠 보자. 우선 아이가 좋아하는 책을 소리 내어 함께 읽고, 책 내용을 설명하는 것부터 해보자. 쉬운 동화책이나 위인전, 논픽션 등 아이가 흥미 있는 책이라면 어떤 것이든 좋다. 단편 문학, 중편 문학, 장편 문학, 비문학, 인문고전, 시사, 상식, 역사, 철학 등으로 수준을 높여나가면 된다. 하루 10분 아이와 대화하기부터 시작해 하브루타를 실천해 보자.

> 아이와 함께 실천해 보세요!
>
> 1. 아이와 짝을 지어 동화책을 소리 내어 읽어 보세요.
> 2. 아이가 읽은 내용을 말로 설명하는 시간을 충분히 주세요.
> 3. 아이와 책의 핵심 내용에 관해 확인하는 시간을 가져 보세요.

토론하는 '하브루타'로
생각 근육을 키워라

유대인은 머리가 좋게 태어나는 것이 아니라 머리가 좋아지도록 교육받는다.
그 방법이 바로 하브루타다.

'구글 제국'은 래리 페이지와 세르게이 브린이 세운 회사다. 이들은 어떻게 연결되었을까? 유대인인 이들은 1995년 스탠퍼드대학교 학생 오리엔테이션에서 만났다. 두 사람의 인연은 세르게이 브린이 2년 후배인 래리 페이지의 신입생 캠퍼스 안내를 맡으면서 시작됐다. 컴퓨터에 대한 열정이 그 누구보다 뜨거운 두 사람이었지만 이들의 첫 만남은 유쾌하지 않았다. 이들은 첫날부터 논쟁을 벌였다. 서로를 건방지고 오만하다고 여겼다. 성격도 무척이나 달랐다. 세르게이는 언제나 남들 앞에 나서서 주도하는 외향적인 성격인 데 반해 래리 페이지는 내성적이고 조용했다. 그렇지만 이내 서로를 알아보았다. 자신을 지적으로 성장시킬 수 있는 맞수라는 것을 알아챈 것이다.

이들은 어린 시절부터 자신의 주장에 대한 논리를 내세우고, 방어

하는 법을 배우며 자랐다. 이후 브린과 페이지는 빌 게이츠의 기부로 세워진 '게이츠 빌딩'에서 함께 살며 늘 붙어 다녔다. 둘이서 논쟁을 시작하면, 주변에 있던 친구들이 피해 다닐 정도였다. 이들은 전공과목은 물론이고 정치, 사회, 문화, 철학 등 다방면에 관한 토론으로 밤을 지새우기도 했다. 밥을 먹을 때도, 길거리를 걸어 다닐 때도 이들의 대화는 끊이지 않았다. 캠퍼스에서 늘 붙어 다니는 두 사람을 두고 친구들은 '래리세르게이'라고 불렀다. 실용적이고 문제 해결에 뛰어난 브린과 신중하고 분석적인 페이지는 서로를 보완하는 영혼의 동반자이자 지적 탐구의 동반자였다.

이러한 토론 문화는 이들의 전통적 학습법인 '하브루타'에서 비롯된 것이다. 둘씩 짝을 지어 『토라』와 『탈무드』를 낭독하고, 토론하고, 나아가 논쟁한다. 당대 최고로 권위 있는 랍비들이 토론한 내용을 정리해놓은 『탈무드』의 견해에 대해서도 그저 받아들이지 않는다. 끊임없이 다른 의견을 내고 토론하고 논쟁하는 민족이 이들이다.

이들은 하브루타를 통해 지식을 단순히 받아들이기만 하는 것이 아니다. 지식을 터득하는 법을 배운다. 생각의 근육을 기르는 것이다. 흔히 유대인은 머리가 좋게 태어나는 것이 아니라 머리가 좋아지도록 교육받는다고 한다. 생각하는 연습을 어려서부터 꾸준히 하는 것이다. 3살 때부터 『토라』를 읽는 유대인에게 하브루타는 특별한 학습법이 아니다. 늘 질문하고, 토론과 논쟁을 즐기는 이들에게 하브루타는 삶에 켜켜이 스며든 생활방식이다.

세상을 평면이 아니라 입체적으로 바라보는 방법

"가르침을 무턱대고 받아들이는 사람은 권력과 자기 자신을 부패하게 한다."

『탈무드』에 나오는 말이다. 유대인들은 어떤 것도 '왜?'라는 질문 없이 받아들이지 않는다. 정해진 답은 없다고 생각하기 때문이다. 한 가지 사안에 대해서도 여러 각도에서 바라본다. 유대인 셋이 모이면 네 개의 의견이 나온다고 할 정도로 이들은 자기 생각을 중요하게 여긴다. 비판 없이 받아들이는 아이는 잘 배울 수 없다고 생각한다. 생각하는 힘이 길러지지 않기 때문이다.

유대인 부모는 아이에게 늘 질문한다. "네 생각은 뭐니?", "너는 어떻게 생각하니?" 전부 생각을 묻는 말이다. 유대인 아이들은 하브루타를 통해 생각하는 힘을 기른다. 단둘이 짝을 지어 질문하고, 토론과 논쟁을 벌이면서 이들은 사고의 범위를 확장해 나간다.

『공부하는 인간』의 저자 힐 마골린은 자녀들이 대학을 졸업한 지금도 하브루타 친구와 함께 날마다 한 시간 반씩 『탈무드』를 공부한다. 그는 "서로 논쟁을 통해 진리를 찾아가는 과정에서 승자를 가리는 것이 아니라 더 넓고 깊게 사고하는 방법을 배우게 된다"고 말한다. 하브루타는 토론과 논쟁을 통해 비판적이고 논리적으로 분석하고 사고하는 능력을 기른다. 상대방의 논리를 반박하기 위해 자기만의 방어 논리를 구축해가면서 생각의 근육을 기르는 것이다.

하브루타는 질문에 대한 정답을 얻는 데 집중하지 않는다. 남과 다른 자신만의 해답을 찾는다. 남과 다르게 생각하는 데서 창의성도 나온다. 『탈무드』에 이런 말이 있다. "사람들이 세상을 정면으로 바라볼 때 우리는 입체적으로 바라본다." 유대인은 『탈무드』한 구절을 놓고도 여러 각도에서 바라보고 끝없는 질문과 답을 반복하면서 입체적 사고력을 키운다.

우리나라에서 '정의 열풍'을 일으킨 『정의란 무엇인가』의 저자이자 하버드대 교수 마이클 샌델은 학생들의 생각을 끌어내는 강의법으로 유명하다. 그는 꼬리에 꼬리를 문 질문으로 학생들의 대화와 토론을 자연스럽게 유도한다. 샌델은 한 언론과의 인터뷰에서 이렇게 밝혔다.

"학생을 생각하게 하는 가장 좋은 방법은 대화에 참여시켜 토론하는 것이다. 가르치기보다 아는 것을 이끌어 내는 것에 가깝다. 학생은 질문에 답변하면서 스스로 답을 찾아가기 때문이다. 나에게 대화란 곧 수업이자 교육이다. 1980년 하버드대에서 교직 생활을 시작했을 때부터 지금까지 토론식 수업을 하고 있다. 내 학창 시절의 경험을 봐도 수업시간에 필기만 하겠다는 소극적인 태도보다 적극적인 배움의 자세에서 더 많은 것을 배웠다."

유대계 미국인인 샌델은 유대인 부모의 영향으로 7세 때부터 신문을 읽고 부모님과 토론을 즐겼다. 처음에는 그가 좋아하는 야구 기사를 보기 위해 스포츠면을 봤고, 점차 사회·정치기사를 읽게 되었다. 하브루타의 영향은 학교에서도 이어졌다. 고교 시절 학생회장이었던 그는 토론 동아리에 들어가 다른 학교 팀과 토론을 벌이곤 했다.

27세 최연소 나이로 하버드대 교수가 된 그는 29세에 『자유주의와 정의의 한계』를 발표하면서 자유주의 이론의 대가인 존 롤스를 정면으로 비판했다. 기존 권위나 학설에 대해 의구심을 품고 자기만의 각도에서 바라보는 '하브루타 정신'을 발휘한 것이다. 샌델은 단번에 세계적 명성을 얻었고, 1만 명 넘게 들은 그의 강의는 하버드 역사상 가장 많은 학생이 들은 강좌로 손꼽힌다.

생각하는 힘은 점점 중요해진다. 로봇과 함께 살아가야 할 아이들에게 지식을 머릿속에 넣기만 하는 것은 더는 의미가 없다. 이미 인공지능 알파고는 이세돌을 넘어섰고, IBM이 만든 '왓슨'은 의사와 변호사의 역할을 대신 수행하고 있다. 인공지능 시대에는 로봇에 대체되지 않을 능력에 집중하게 될 것이다. 이를 위해서는 수많은 정보 중어떤 내용이 중요한지, 필요한지, 유용한지, 가치가 있는지 등을 스스로 판단할 수 있어야 한다. 나아가 주어진 정보들을 활용해서 문제를 해결해 내고, 새로운 것을 창조해 내는 능력이 필수적이다. 그러기 위해서는 항상 의구심을 갖고 질문해야 한다. 비판적 사고를 갖고 문제의 본질을 탐구해야 해결책을 찾을 수 있다.

하브루타는 체계적이고 종합적인 사고력을 키워 준다. 상대방의 주장을 반박하기 위해서는 논리적이고 분석적인 사고가 요구되기 때문이다. 또 상대 논리의 공격을 방어하고 더 나은 대안과 해결책을 제시하는 과정에서 생각하는 힘이 길러진다.

생각하는 힘은 일방적인 주입식 교육으로는 기를 수 없다. 아이들로부터 대화와 토론을 이끌어 내야 한다. 최근 몇 년 사이 비판적·창의적 사고력의 중요성이 강조되면서 거꾸로 교실Flipped Learning, 프로젝트기반학습Project Based Learning, STEAMScience+Technology+Engineering+Art+Math 교육 등과 같은 여러 시도가 교육 현장에서 이뤄지고 있다. 긍정적인 현상이다. 그렇지만 아직 가야 할 길이 멀다.

하브루타를 하기 위해서는 누구든, 어떤 이야기든 편안히 자기 의견을 이야기할 수 있는 분위기가 전제돼야 한다. 유대인은 언제 어디서나 하브루타를 한다. 신문이나 책을 읽고도, 밥을 먹을 때도, 수업을 들을 때도, 길을 걸으면서도 끊임없이 질문하고 답한다. 우리도 일단 말문을 열어야 한다.

하루아침에 유대인처럼 토론하고 논쟁하기는 쉽지 않다. 일단 집에서부터 아이들과 시작해보면 어떨까. 토론과 논쟁 이전에 질문하고 대화하는 연습부터 하는 것이다. 일상 속에서 아이가 생각할 수 있게 질문을 던지고, 아이의 대답을 잘 들어주는 것이 하브루타의 첫걸음이다. 책을 읽고 함께 생각을 나눠 보는 것도 좋은 방법이다.

독서 하브루타는 살아 있는 책읽기다. 책을 읽은 뒤 하브루타를 하면 생각이 깊어지고, 확장된다. 뭐든 가장 중요한 건 꾸준함이다. 하루이틀 하다 그만두면 발전이 없다. 유대인은 생활 속에서 하브루타를 매일, 매 순간 실천한다. 질문하고, 대화하고, 토론한다. 그렇게 생각의 근육을 키워 나간다.

> 아이와 함께 실천해 보세요!
> 1. '세상에 당연한 것은 없다'라는 것을 알려 주세요.
> 2. 아이가 어떤 질문이든 마음껏 할 수 있도록 분위기를 만들어 주세요.
> 3. 아이의 대답을 잘 듣고, 꼬리를 문 질문을 해보세요.

소리 내어 읽을수록
뇌가 즐거워한다

입으로 중얼중얼하면서 외우는 게 더 잘 외워지는 것은
우리가 몸을 통해 기억하기 때문이다.

우리 조상들은 '서당 개도 삼 년이면 풍월을 읊을 만큼' 소리 내어 읽었다. 김홍도의 〈서당도〉를 보자. 서당에 모여 공부하는 아이들의 카랑카랑한 목소리가 들리는 것 같다. 우리 조상들은 행여나 자기 목소리가 다른 이들의 소리에 묻힐까 봐 배에 힘을 주고, 목청껏 낭독했다. 우리 조상의 전통적 독서법은 글을 소리 내 읽는 낭독이었다. 이황은 제자들에게 "글을 읽을 때는 단정한 자세로 앉아 마음을 수습한 다음 소리 내어 읽으라."고 가르쳤다. 글을 한 번 읽을 때마다 읽은 횟수를 세고, 하루에 백 번 읽는 것을 목표로 읽었다. 몸을 앞뒤로 흔들면서 말이다.

그런데 우리는 꽤 오랜 시간 동안 독서에서 소리를 잃었다. 책은 '조용히 혼자 보는 것'이지 '소리 내어 읽는 것'이 아니었다. 입으로 중얼거리기라도 하면 타인을 배려하지 않는 몰상식한 사람으로 치부하는 경향이 있다. 그러다가 스티브 잡스가 몰고 온 인문학 열풍이 시작되면서 최근 몇 년 사이 낭독에 대한 재평가가 조금씩 이뤄지는 모습이다.

공부는 조용히 앉아서 하는 것이다?

『혼자 있는 시간의 힘』,『질문력』등으로 국내에서 유명한 사이토 다카시 교수는『소리 내어 읽고 싶은 우리말』에서 "낭독을 하면 사려 깊어지고, 임기응변에 대처할 수 있으며 언어생활도 윤택해질 수 있다."라고 말했다. 이 책은 260만 부 이상 팔리면서 일본 사회에 낭독 바람을 일으켰다. 그는 낭독과 이해력의 관계는 매우 밀접하다고 이야기한다.

과학적으로도 낭독의 효과는 여러 차례 입증됐다. 국내 한 방송사에서 실험을 했다. 20대 대학생 60명을 두 팀으로 나눴다. 한쪽은 눈으로만 시집을 읽고, 다른 쪽은 소리 내어 시집을 읽도록 했다. 20분 뒤 치러진 기억력 테스트 결과는 명료했다. 낭독조의 평균 점수가 10점 가까이 높았다. 그뿐만 아니라 고득점자도 소리 내어 읽은 쪽에서 많이 배출됐다. 국내 뇌과학 권위자 서유헌 가천대 뇌과학연구원장은 이렇게 설명한다.

"큰 소리로 읽게 되면 언어중추가 있는 측두엽 상부가 많이 움직이게 됩니다. 또 고위정신기능과 사고 창의적 기능, 인식 기능을 하는 전두엽 하부가 활성화하고, 맨 위에 있는 운동중추도 많이 움직이게 되고요. 일정한 소리를 내면서 책을 읽게 되면, 뇌의 더 많은 영역이 움직이면서 뇌 발달에 더 유익합니다." 낭독을 하면 뇌의 다양한 부분이 자극을 받아 뇌가 활성화된다는 것이다.

서유헌 연구원장은 특히 운동신경이 자극받는 것에 주목했다. 낭송할 때 왜 운동신경이 활성화될까? 그는 이렇게 설명한다. "아주 심하게 이야기하면 기억은 운동입니다. 중학교 때 시험 본 것은 다 잊어버려도 중학교 때 배운 탁구나 수영 실력은 평생을 가죠. 몸의 경험으로 체득해서 기억한 것은 굉장히 오래간다는 겁니다. 묵독보다 낭독은 뇌의 여러 영역을 쓸 뿐 아니라 특히 뇌 중에서 반복된 운동영역을 사용합니다. 기억을 상승시키는 여러 가지 메커니즘과 낭독할 때 기억이 잘 되는 이유가 일치하는 것입니다."

뇌 중에서도 운동 기능을 담당하는 기능은 전두엽이 관여한다. 전두엽은 집중력, 기억력과 밀접한 연관이 있다. 그 때문에 낭독할 때 반복적인 근육의 움직임으로 집중력을 높일 수 있다. 우리가 의식하지 않지만 낭독할 때 우리는 많은 미세 근육을 사용한다. 눈으로 보고 자신의 말을 귀로 듣고, 또 혀와 입을 움직인다. 이렇게 소리를 내서 말을 하면 그 내용이 몸 자체에 새겨진다.

뭔가를 외워야 할 때 눈으로 가만히 보는 것보다, 입으로 중얼중얼하면서 외우는 게 더 잘 외워지는 것은 우리가 몸을 통해 기억한 것이기 때문이다. 낭독의 효과는 몸으로 익힌 것을 평생 잊어버리지 않는 것과 같은 원리다. 낭독하면 주의력이 갑자기 높아지는 이유도 여기에 있다. 소리 없이 읽으면 그냥 흘려버릴 수 있는 문장도 소리 내어 읽으면 빠뜨리지 않고 기억하게 된다.

유대인이 하브루타를 하면서 몸을 흔드는 것도 같은 맥락에서 볼 수 있다.

유대인들은 소리를 내고, 수시로 일어나 걸어 다니면서 외운다. 모두가 그렇게 하기 때문에 다른 사람의 눈치를 보지도 않는다. 눈으로 읽고, 듣고 움직임을 동시에 하면서 두뇌를 활발히 움직인다. 뇌가 활발하게 움직이면서 효과도 높아진다. 하브루타는 자유롭게 움직이며 토론하는 학습법이다. 예로부터 유대인들은 몸을 움직이며 공부해야 한다고 생각했다. 『탈무드』에는 "몸의 움직임은 두뇌의 움직임을 돕는다."라는 말이 나온다.

아이에게 낭독의 즐거움을 알려주자. 입을 움직이고, 소리 내 읽을수록 뇌가 빠르게 움직인다. 왜 공부는 '조용히, 가만히 앉아서, 엉덩이로 오래' 해야만 할까? 유대인은 소리 내 읽고, 듣고, 몸을 써서, 뇌를 춤추게 한다. 공부는 효율이다. 그래야 질리지 않고 지속할 수 있다. 유대인은 그렇게 평생 공부를 한다. 이들이 노벨상을 그냥 많이 받는 것이 아니란 얘기다.

아이와 함께 실천해 보세요!
1. 아이와 엄마가 번갈아 가며 책을 크게 소리 내어 읽어 보세요.
2. 아이가 책을 소리 내어 읽으면 옆에서 엄마가 들어주세요.
3. 아이가 공부한 뒤에는 5분이라도 움직이는 습관을 들이세요.

어려서 책 읽는 습관이
평생 간다

헨리 키신저를 키운 것은 아버지의 책 읽는 모습이었다.
부모가 책을 읽다 보면 아이도 그 모습을 닮는다.

교육은 모방에서 비롯된다. 유대인 최초로 국무장관을 지낸 헨리 키신저 역시 엄청난 독서광이었던 아버지를 흉내 내며 책을 읽었다. 학교 교사였던 아버지는 책으로 꽉 찬 서재에서 거의 나오지 않을 정도였다고 키신저는 회고했다. 키신저는 아버지 곁에서 이것저것 다양한 분야의 책을 읽어치우고, 아버지와 토론을 하면서 어린 시절을 보냈다. '키신저 외교'로 노벨평화상까지 수상한 그를 키운 것은 아버지의 책 읽는 모습이었다.

헤르만 헤세는 '인간이 만들어낸 수많은 세계 중에서도 책의 세계가 가장 위대한 세계'라고 했다. 책에는 작가의 경험과 생각, 지식, 상상, 통찰이 녹아있다. 책을 읽으면 세상을 관조하게 된다. 인간과 사회를 통찰할 수 있는 여유를 갖게 된다. 특히 인생관과 세계관, 가치관이 형성되는 시기에 읽은 책 한 권은 인생의 항로를 정하기도 한다. 철학자 데카르트는 이렇게 말했다.

"좋은 책을 읽는 것은 지난 몇 세기에 걸쳐 가장 훌륭한 사람들과 대화하는 것과 같다."

인공지능, 빅데이터, 드론, 사물인터넷, 3D 프린터 등이 등장하면서 집약된 지식을 활용하는 창의적이고 융합적인 사고가 요구되고 있다. 독서는 사고력과 창의력, 통찰력, 상상력, 타인과의 공감 능력 등을 키우는 최고의 도구다.

『탈무드』에는 "돈을 빌려달라고 할 때는 거절해도 되지만, 책을 빌려달라고 할 때는 거절해서는 안 된다"고 나와 있다. 실제로 1736년 라트비아의 유대인 거리에서는 책을 빌려주지 않는 사람에게 벌금을 물게 하는 조례가 생겼다. 고대 유대 사회에선 책이 너덜너덜 낡아서 수명을 다 하면 구덩이를 파고 고이 묻어주었다고 한다. 책을 생명처럼 소중히 여긴 유대인답다. 유대인 가정의 거실에는 대개 TV 대신 책장이 있고, 화장실에는 대개 작은 책장이 붙어 있다. 자투리 시간을 활용해 책을 읽는 것이다. 그뿐만 아니라 유대인들의 묘지에도 책이 놓여 있다. '생명이 다하더라도 공부는 끝나지 않는다'라는 유대인의 철학이다.

유대인에게 독서는 밥 먹는 것과 같은 생활이다. 태어나서부터 눈감을 때까지 책과 함께한다. 그래서 '책의 민족'이라 불리는 유대인은 세계에서 가장 책을 많이 읽는다. 유네스코 조사에 따르면 유대인 평균 독서량은 무려 연 64권이다. 매주 최소 1권 이상 읽는 셈이다.

우리는 어떨까. 문화체육관광부의 '2017년 국민독서실태조사'에 따르면 우리나라 성인 10명 중 4명은 1년에 책을 한 권도 읽지 않았다. 지난 10년간 한국의 독서율은 계속해서 감소하고 있다. 그런데 특이한 점은 학생의 독서율은 90%에 달한다는 것이다. 학생부 종합평가에 독서기록이 반영돼 사실상 반강제 성격을 띠고 있기 때문이라고 한다. 책을 읽고 독후감으로 평가받는 과정을 반복하는 학생들에게 독서의 즐거움을 기대하기는 어렵다.

베갯머리 독서의 중요성

무엇이든 첫 단추가 중요하다. 어려서부터 독서가 습관이 되면 그것이 평생을 간다. 유대인 부모는 아이가 어릴 때 독서습관을 들이는 데 그야말로 열과 성을 다한다. 책 읽기가 생활인 유대인은 아이가 배 속에 있을 때부터 책을 읽어 주기 시작한다. 아이가 돌이 지나면서부터는 자기 전 책 읽어 주는 것을 생활화한다. 이른바 '베갯머리 독서'다. 주로 『탈무드』에 나오는 우화나 동화책 등 아이가 흥미를 느낄 만한 책을 읽어 준다.

그러다 아이가 말을 할 때 즈음이면, 책을 읽으면서 많은 대화를 나눈다. 이 시간 동안 아이는 사고력과 표현력, 상상력, 창의력을 동시에 키워나간다. 어려서부터 책 읽기 습관이 형성된 유대인 아이들은 네 살이면 보통 1,500자 이상의 어휘력을 갖는다. 보통 800~900단어를 인지하는 보통 아이들과 큰 차이를 보인다. 해를 거듭할수록 이 격차는 벌어져, 유대인 아이들은 독서력에서 월등히 앞서간다.

'베갯머리 독서'는 지금껏 인류가 터득한 가장 효과적인 독서습관을 들이는 방법이다. 부모와 함께 책을 읽은 경험을 통해 아이는 책과 친해지고, 책을 좋아하게 된다. 사실 아이에게 책을 읽어 주는 일은 쉽지 않다. 똑같은 책을 수십 번, 수백 번 읽어 줘야 할 때도 있다. 그래서 아이에게 글자를 빨리 가르치려는 부모도 있는데, 독서습관에는 도움이 안 된다. 글자를 읽을 수 있는 것과 책의 내용을 이해하는 것은 별개이기 때문이다.

유대인은 아이가 학교에 가서 책을 읽을 수 있는 나이가 되어도 책을 꾸준히 읽어 준다. 부모의 따뜻한 품, 다정하고 흥미진진한 목소리 등과 어우러진 독서 경험은 아이가 평생 책과 함께 하는 자양분이 된다. 유대인이 평생 책과 가까이하는 것은 독서를 즐거운 생활로 받아들였기 때문이다. 일단 책과 친해지고 책을 좋아하면 '평생 독서가'로 살게 된다. 바쁜 삶 속에서도 책은 언제라도 포근한 안식처가 되어 줄 테니 말이다.

유대인이 아주 철저하게 지키는 안식일에도 딱 하나, 허용되는 일이 있다. 바로 책을 읽는 일이다. 안식일에는 식당, 상점이 모두 문을 닫는다. 뿐만 아니라 유대인은 집안에서 가스불도 켜지 않는다. 그만큼 엄격하게 안식일을 지키는데, 오직 서점만 사람들로 발 디딜 틈이 없다. 안식일이면 유대인들은 가족들과 함께 책을 읽고 토론하면서 시간을 보낸다. 온 가족이 늘 책을 읽는 분위기 속에서 아이들은 자연스럽게 '생활 독서가'로 커나간다.

책을 읽고 대화를 나눈다

그렇다면 책을 많이 읽기만 하면 좋은 것일까? 철학가 쇼펜하우어에 따르면 그렇지 않다. 그는 사색이 없는 책 읽기는 영혼의 양식이 될 수 없다고 주장한다. "끊임없이 책만 읽고 생각하지 않으면 모처럼 얻은 지식도 정신 속에 뿌리박지 못하고 대개 상실되고 만다. (중략) 독서로 일생을 보내고 여러 책에서 지혜를 얻는 사람은 여행 안내서를 몇 권 읽고서 어느 지방에 정통한 것처럼 행세하는 사람과 같다. 종이 위에 쓰인 사상은 모래 위에 남겨진 보행자의 발자국과 같이 그 사람이 걸어간 길은 알 수 있다. 그렇지만 그 사람이 그 길을 걸으면서 무엇을 보았는지를 알기 위해서는 자기 자신의 눈을 사용해야 한다." 제아무리 훌륭한 책이라도 자기 생각이 뒤따르지 않으면 독서로부터 유익을 얻어낼 수 없다.

유대인의 저력은 책을 읽는 데 그치지 않고 책에 관한 대화를 나눈다는 데 있다. 이들은 역사, 종교, 정치, 사회, 경제, 문화 등 수없이 다양한 분야의 책을 읽으면서 지식을 섭렵할 뿐 아니라 토론을 통해 생각하는 힘을 기른다.

자기 생각을 말로 논리적으로 정리하고, 다른 사람의 의견을 들으면서 미처 생각지 못한 부분을 깨닫기도 한다. 서로의 논리적 허점을 짚고, 방어하면서 생각하는 힘을 기른다. 유대인 가운데는 자기 전문 분야 외에도 다양한 방면으로 박학다식해 융합, 통섭에 능한 이들이 많다. 무섭게 읽고 치열하게 토론하는 과정 덕분이다. 각자의 다양한 지식과 생각들이 부딪히고 융합하면서 불꽃이 튀고, 거기서 창의력이 생겨난다.

　과학기술과 맞물려 미디어가 발달하면서 책은 점점 생활과 멀어지고 있다. 그러나 영상 매체로 현재와 같은 양의 지식과 정보를 다 처리하기란 불가능하다. 유튜브를 비롯한 영상매체나 소셜미디어는 시청자가 화면을 보고 바로 반응하게끔 한다. 이러한 반응 미디어는 생각을 증발시킨다. 우리 생각의 기본 구조는 서론-본론-결론, 기-승-전-결 구조를 거치는 책과 비슷하다. 텍스트로 훈련되지 않은 사고는 생각이라 부르기 어렵다. 유튜브로 독서 채널을 보는 것은 정보의 흐름을 받아들이는 과정이지, 생각을 구조화하지 못한다. 유대인의 생각하는 힘은 독서 토론에서 나온다.

　유대인은 끊임없는 독서를 통해 세기를 관통하는 지식과 만난다. 기존의 지식을 비판적 시각으로 바라보고, 통찰하면서 새로운 것을 창조하는 기반을 닦는다. 마음껏 상상하고, 경험하며, 생각하는 힘을 기른다. 동시에 독서는 자기를 알아가는 과정이기도 하다. 책을 통해 자신의 내면을 들여다보고, 욕구와 신념, 핵심 가치를 찾아간다. 결국 리더reader가 리더leader가 된다. 자갈밭에 자갈이 수도 없이 많지만 자갈을 가지려면 허리를 숙여야 한다. 아주 평범하고도 특별할 것 없는 진리지만 실천해야 한다는 말이다.

　독서의 즐거움을 알지 못하는 아이의 한계는 뚜렷하다. 부모의 닦달에 억지로 하는 독서는 겨우 모양만 갖춘 엔진으로 장거리 여행을 하는 것과 같다. 즐겁지 않으면 몰입하기도, 지속하기도 쉽지 않다. 어릴 때 책 읽기가 즐겁다는 인식을 가질 수 있게 도와주자. 반드시 읽어야 할 필독서, 이런 목록 따위는 제쳐두고 아이가 흥미를 갖는 주제의 책으로 시작해 보자.

가장 효과적인 것은 부모의 본보기다. 혹시 거실, 방 안 벽면을 아이들 책으로만 가득 채우고 있는 건 아닌지 한번 들여다보자. 우리가 경험하지 못한 시대를 살아갈 아이들에게 등대와 같은 빛을 비춰 주려면 부모가 멀리 내다보는 혜안을 가져야 한다. 조금씩 꾸준히 읽다 보면 부모 스스로가 바뀐다. 아이도 그렇게 닮아간다.

아이와 함께 실천해 보세요!
1. 아이에게 책을 읽어 줄 때는 모든 수단을 동원해서 재미있게 읽어 주세요.
2. 책을 읽은 뒤 아이와 함께 책에 관한 이야기를 나누세요. 아이와 다른 결말을 만드는 놀이를 해보세요.
3. 평소 아이에게 책 읽는 모습을 보여 주세요.

우리 아이 독서습관 만들기

1. 아이와 함께 책을 읽으세요. 언제 어디서나 책 읽는 모습이 자연스러운 일상으로 여겨지도록 도와주세요.

2. 아이와 도서관이나 서점을 자주 가세요. 책을 읽지 않아도 책 읽기에 몰입한 사람들을 보는 것만으로도 아이에게 충분한 자극이 된답니다.

3. 책을 읽어 주기 전에 부모가 먼저 재미있게 이야기를 들려주세요. 그리고 책 속에 재미있는 이야기가 더 많이 담겨 있다는 것을 알려 주면 아이들의 책에 대한 흥미를 높일 수 있어요.

4. 글자를 익히기 전이라면 글자보다 그림을 먼저 읽어 주세요. 아이는 그림만으로 충분히 책 속의 이야기를 상상하고 이해해요. 글자가 없는 그림책이나 글자가 적은 그림책부터 읽어 주면서 책의 재미를 알게 해주는 것이 좋아요.

5. 매일 일정한 시간 동안 책을 읽어 주세요. 열 살 전후의 아이들은 읽는 것보다 들을 때 훨씬 더 잘 이해해요. 매일 20분 정도, 특히 잠자기 전에 책을 읽어 주면 책에 대한 흥미뿐만 아니라 듣기 능력, 집중력, 정서적 안정감과 친밀감도 높일 수 있어요.

6. 책을 읽고 난 후 이야기 나누는 시간을 가져 보세요. 책에 대해 더 다양한 느낌과 생각을 가질 수 있어요. 다만 이때 책의 줄거리, 정보 등 사실적인 내용만을 확인하는 것은 아이에게 부담을 줄 수 있으니 주의하세요.

7. 아이의 관심과 흥미를 고려한 책을 읽어 주세요. 자기가 좋아하는 것에 대한 새로운 정보와 재미를 느끼도록 해주면 책과 더 쉽게 친해질 수 있어요.

8. 책을 읽어 줄 때 운율과 생동감을 살려 주세요. 아이들은 자연스럽게 책을 재미있는 것으로 생각하게 됩니다.

9. 아이에게 책을 읽어 줄 때 흥미진진한 결말을 남겨두고 책을 덮으세요. 아이들은 다음 내용에 대한 호기심과 궁금증으로 책 읽는 시간을 더욱 기다리게 돼요. 또 이어질 이야기를 상상하거나 찾아보려고 노력해요.

유대인 성공의 숨은 비결, 글쓰기

리더의 핵심 역량은 글쓰기다.
글을 쓸 때 종합적 사고능력이 필요하기 때문이다.

세계 최고 명문대학인 미국 하버드를 졸업한 40대 1600여 명에게 '현재 일을 하는 데 있어 가장 중요한 것이 무엇이냐'는 질문을 던졌다. 놀랍게도 90% 이상의 졸업생이 '글쓰기'라고 답했다. '앞으로 더 많이 노력해야 할 것은 무엇이냐'는 질문에도 '글을 잘 쓰기 위한 노력을 해야 한다'는 답이 다른 답의 3배 가까이 나왔다.

실제로 글쓰기 능력이 소득과 밀접한 관계가 있다는 연구결과도 있다. 포틀랜드주립대학교 스테판 레터 교수는 미국 교육부와 공동으로 '미국 성인의 언어적 숙련도가 평생에 걸친 경제적 성공에 미치는 영향'을 조사했다. 그 결과 글쓰기 능력을 5분위로 나눴을 때 최고와 최저 간 소득의 차이가 3배 이상 발생한 것으로 나타났다.

하버드대학교에는 150년 전통의 글쓰기 수업이 있다. 이 프로그램은 하버드대학교에 입학하면 누구나 수강해야 하는 과목이다. 학생들은 논증 전개 방법, 근거자료를 종합하고 인용하는 방법, 문장이나 단락을 명료하게 표현하는 법, 문체론 등을 배운다. 각기 다른 전공의 교수진이 글쓰기 테크닉만 가르치는 것이 아니라 사고의 전개 과정을 가르친다. 하버드대학뿐 아니라 경제계 리더를 육성하는 비즈니스 스쿨도 마찬가지다. 펜실베이니아대학의 와튼스쿨은 글쓰기와 커뮤니케이션 능력을 향상시키는 것을 교육의 최우선순위에 둔다. 미국의 기업들도 글쓰기 능력을 우선순위에 두고 인재를 뽑는다.

글쓰기는 리더의 핵심 역량이다. 숙박 공유업체 에어비앤비 창업자 브라이언 체스키는 단언한다.

"큰 기업의 경영자라면 공적인 연설과 글쓰기에 능해야 합니다. 그것이 곧 경영의 도구가 되기 때문입니다." 그는 탁월한 경영자가 되기 위해 읽고, 쓰고, 말하기에 집중했다. 리더는 가치와 비전을 사람들과 나눌 수 있어야 한다는 생각에서다. 브라이언은 2015년부터 일요일 밤마다 전 직원들에게 이메일을 통해 자신의 비전을 공유하고 소통하고 있다. 페이스북 창업자 마크 저커버그도 글쓰기를 즐기는 리더다. 페이스북을 통해 근황에서부터 비전 등을 밝히는가 하면 전 재산의 99.9%를 사회에 환원한다는 계획도 A4 6장에 달하는 편지로 전했다.

아이의 생각과 마음을 키우는 글쓰기

유대인 아이들은 학교에서 자기 생각을 말로 표현하고, 이를 글로 정리하는 훈련을 꾸준히 한다. 이스라엘 학교는 거의 모든 시험이 논술형, 서술형이다. 정해진 답을 고르는 객관식 평가는 창의성을 기르는 데 적합하지 않다는 판단에서다. 이스라엘 시험에는 '자신의 말로 표현하시오', '이에 대한 의견을 쓰시오'라는 문제가 주를 이룬다. 'OO에 대한 설명으로 옳은 것은?'처럼 하나의 정답을 요구하는 우리나라 시험과 사뭇 대조적이다. 이스라엘 학교의 과제 또한 자기 생각을 정리하는 리포트 형식이다. 정해진 답은 없다. 대신 자기 생각을 얼마나 논리적으로 뒷받침하는 글인지 평가한다. 이들은 리포트를 쓰기 위한 자료를 찾고, 자료를 바탕으로 자기 생각을 풀어나가는 연습을 한다. 초등학교부터 대학교에 이르기까지 단계별로 훈련을 받는다.

글쓰기와 사고력은 떼려야 뗄 수 없다. 글은 단순히 문장을 잘 구사하는 것이 아니다. 생각의 결과물이다. 글쓰기 과정은 생각을 설득력 있게 풀어가는 논리력, 추리력, 조합능력 등 종합적 사고능력이 요구된다. 세계적 창의성 전문가이자 2018년 노벨경제학상을 받기도 한 폴 로머 뉴욕대 교수는 '읽기와 쓰기가 창의성의 토대가 된다'고 역설한다. 글을 쓰면 머릿속에서 맴돌던 모호한 생각을 구조적으로 정교하고 치밀하게 만들 수 있어서다. 유대인의 창의성은 독서에서 시작해 글쓰기로 완결된다.

유대인에게 글쓰기는 생활이다. 잘 쓰는 사람과 못 쓰는 사람의 차이가 있을 뿐이다. 유대인 9명 중 1명이 작가라는 사실이 이를 방증한다. 유대인은 읽고, 말하고, 쓰면서 생각의 힘을 키운다. 유대인이 학계, 언론, 문학, 법조계 등 다방면에서 저력을 발휘하는 배경이다. 유대인이 특히 학계에서 두각을 나타내는 것은 글쓰기 능력이 뒷받침되어서다. 인문계는 글쓰기가 전부라 해도 과언이 아닐 만큼 글쓰기가 중요하다. 이공계도 일차적으로는 연구 성과가 있어야 하지만 최종 평가는 논문으로 판가름 난다. 유대인은 이공계라 할지라도 글쓰기에 단련돼 있다. 이들이 노벨문학상뿐 아니라 물리, 화학, 생리의학 분야에서 노벨상을 휩쓰는 핵심 열쇠가 바로 글쓰기다.

특히 미래학이라는 새로운 사회과학 분야에서 유대인은 독보적이다. '디지털 노마드'란 신조어를 알린 자크 아탈리, 퓰리처상을 3번이나 받은 토머스 프리드먼, 『소유의 종말』 등 '종말 시리즈'를 내놓은 제러미 리프킨, 유발 하라리 등이 모두 유대인이다.

미래학은 현재의 상황을 각종 데이터와 함께 심층 분석해 미래를 진단한다. 그렇기에 미래학자는 자기 전공 외에도 경제, 사회, 역사, 지리, 철학, 환경 과학 등 다양한 분야를 넘나드는 식견과 통섭 능력이 필요하다. 이 방대한 지식을 완전히 소화해 자기만의 새로운 시각을 설득력 있게 풀어가야 한다. 독서와 글쓰기 훈련을 꾸준히 받은 유대인이 강점을 가질 수밖에 없는 배경이다.

글쓰기도 습관이다

글쓰기는 생각을 확장하는 도구이자 생각의 최종 결과물이다. 학교와 직장에서 능력을 평가하는 가장 큰 기준이며, 리더의 핵심 자질이기도 하다. 개인의 사적인 기록임과 동시에 사건의 역사적 기록이다. 누군가의 글 한 편이 사람의 마음을 움직이고, 생각을 바꾸고, 세상을 바꾸기도 한다. 글이 미치는 파장은 세계, 오래 남는다. 글쓰기는 그래서 꼭 필요한 '삶의 무기'다.

유대인은 오늘도 기록하고, 글을 남기고 있다. 각 분야 곳곳에서 재능을 꽃피우고 있는 유대인은 글쓰기란 무기로 더욱 존재감을 드러낸다.

어떻게 아이가 글쓰기와 친해질 수 있을까. 글을 쓰는 것도 습관이다. 어릴 때 잘 들여놓으면 커서도 이어진다. 아이 때 일단 뭐라도 쓰면 아이의 첫 번째 독자이자 열렬한 팬이 되어 주자. 글을 쓸 때마다 격하게 감동하는 팬의 성원에 힘입어 아이는 더욱 분발할 것이다. "여기 이 부분은 무슨 말이지?" 이런 말을 들으면 어른도 글쓰기를 하고 싶지 않을 터이니, 아이의 마음부터 헤아려 주자.

아이가 좋아하는 주제에 대해 자유롭게 쓰도록 하고, 퇴고는 아이와 함께 차근차근히 해나가자. 초등학교 방학 숙제로 두 달간 밀린 일기를 몰아 쓴 경험이 다들 있을 것이다. 그렇게 글쓰기를 하면 얻는 것은 하나 없고 잃는 것만 많다. 무엇보다 글쓰기에 대한 기억이 좋아야 한다. 글을 쓰고, 칭찬과 격려를 받은 경험이 아이를 계속 쓰게 만든다. 유대인 교육의 기본 철학은 '즐겁게, 재미있게'다. 그래야 지속할 수 있고, 잘하게 된다.

> 아이와 함께 실천해 보세요!
> 1. 아이가 좋아하는 주제에 대해 한 줄 쓰기부터 시작해 보세요.
> 2. 아이의 글쓰기에 깊이 공감하고 칭찬과 격려를 많이 해 주세요.
> 3. 책에 관해 생각을 함께 이야기하고, 그 내용을 글로 적어 보게 하세요.

가장 큰 재산은 머릿속 지식

부자들과 랍비 한 사람이 배를 타고 가고 있었다. 그들은 새로운 땅에서 살기 위해 모든 재산을 챙겨 길을 나선 참이었다. 한자리에 모인 부자들은 서로의 재산을 비교하며 자랑을 늘어놓더니 초라한 행색을 한 랍비를 비웃었다.

그러자 랍비가 말했다. "이 중에서 가장 부유한 사람은 바로 저입니다. 그런데 유감스럽게도 여기에선 보여드릴 수가 없군요." 부자들은 랍비의 말에 코웃음을 쳤다. 그러던 얼마 후, 배가 해적의 습격을 받았고, 부자들은 가지고 있던 재물을 모조리 빼앗기고 말았다.

마침내 배가 항구에 도착하자 랍비는 학생들을 모아 학교를 세웠다. 잘 가르친 덕에 학생들이 나날이 늘어갔다. 가진 것이라곤 재물뿐이었던 부자들은 항구에서 허드렛일을 하며 하루하루 연명했다. 그들은 그제야 비로소 랍비가 한 말의 참뜻을 이해할 수 있었다.

-『탈무드』중에서

배움의 즐거움부터
알려 줘라

공부하라고 말하기 전에 공부의 즐거움을 알려주자.
유대인 부모가 책의 첫 장에 꿀을 한 방울 떨어뜨리듯이.

'평생 배움'은 이제 생존의 문제다. 기술 변화와 맞물려 많은 직업이 빠르게 없어지고 또 생기는 시대가 도래했다. 많은 전문가가 앞으로 우리 아이들은 평생에 걸쳐 적어도 10개, 많으면 2~30개의 직업을 가지며 살아가게 될 것이라고 진단한다. 학교에서 배운 지식만으로는 변화를 따라갈 수 없기에 끊임없이 새로운 것을 받아들여야 한다.

세계경제포럼 창립자이자 『4차 산업혁명』 저자인 클라우스 슈밥의 말은 꽤나 의미심장하다. "예전에는 큰 물고기가 작은 물고기를 잡아먹었던 시대라면, 미래에는 빠른 물고기가 느린 물고기를 잡아먹을 것"이라고 내다봤다. 변화를 빠르게 간파하고 분석해, 앞선 예측을 하는 사람이 승자가 될 것이란 얘기다.

뇌과학자 정재승 KAIST 교수는 "끊임없이 배우고, 필요한 지식을 받아들이는 것을 즐거워하는 사람으로 키워야 한다."고 목소리를 높인다. 천재는 노력하는 자를 따라가지 못하고, 노력하는 자는 즐기는 자를 따라잡을 수 없다. 아이에게 공부란 즐거운 것으로 인식되어야 한다.

유대인은 '배우는 것은 달콤하다'라는 느낌을 심어주기 위해 재미난 방법을 쓴다. 유대인 부모는 아이가 처음 『탈무드』를 읽을 때 책의 첫 장에 꿀을 한 방울 떨어뜨린다. 그리고 아이들에게 꿀을 맛보게 한다. 학교에서도 비슷한 의식을 치른다. 아이들은 글자를 처음 배울 때 손가락에 꿀을 찍어 쓰고 난 뒤, 손가락을 빨아먹는다. 또 어떤 학교에서는 신입생 모두에게 글자 모양의 달콤한 과자를 주기도 한다. 아이들은 다 함께 하얀 설탕을 입힌 글자를 입에 넣고 '배움의 달콤함'을 온몸으로 느낀다.

스스로 공부하는 아이로 키우려면

유대인이 이렇게까지 공부의 즐거움을 알려주기 위해 노력하는 것은 이것이 공부의 기초공사이기 때문이다. 기초가 없는 공사는 오래가지 못한다. 알아가는 재미를 알고 공부를 하는 아이와 억지로 하는 아이의 차이는 고학년으로 갈수록 드러난다. 흔히 초등학교까지는 엄마 성적이라고들 한다. 그러나 중학교만 가도 스스로 공부하는 아이와 그렇지 않은 아이의 차이가 확연히 드러난다. 문제는 스스로 하는 아이도 우리나라 입시를 치르고 나면 공부에 학을 뗀다는 데 있다. 안타까운 현실이다. 유대인은 남보다 잘하기 위해 공부하는 것이 아니라 알아가는 재미로 공부를 한다. 어른이 되어서도 평생 공부를 한다.

재미있으니까 계속한다. 이들은 자기 분야뿐 아니라 다양한 분야에 걸쳐 공부를 해나간다.

유대인은 평생 배움을 『탈무드』를 통해 실천한다. '위대한 배움'이란 뜻을 가진 『탈무드』는 유대인의 정신적 지주 역할을 해온 책이다. 서기 70년 성전이 무너지고 유대인들이 팔레스타인을 떠나 로마 제국의 여러 곳으로 뿔뿔이 흩어지자 유대인들은 민족의 동질성을 유지할 방법으로 탈무드를 구상하게 되었다. 삶의 지혜는 물론이고 처세술 관련 교훈이나 일화들이 있는가 하면 어린이들도 재미있어하는 우화나 동화 같은 이야기도 많다. 『탈무드』는 무려 63권의 방대한 책으로, 그 무게만 75kg에 이른다. 우리가 접하는 『탈무드』는 일종의 우화집으로 극히 일부에 불과하다. 이렇게 방대한 분량의 『탈무드』를 독파하는 것은 유대인들에게 그 무엇과 비교할 수 없이 큰 자랑이자 기쁨이다. 유대인은 『탈무드』 한 권을 다 읽으면 친척과 친구들을 불러 축하파티를 한다.

유대 격언에 "20년 걸려서 배운 것을 2년 동안 잃을 수 있다."라는 말이 있다. 칼도 갈지 않으면 돌과 같아진다. 꾸준히 하지 않으면 배움을 잃는 것은 순간이다. 평생 공부를 하기 위해서는 공부에 재미를 느껴야 한다. 유대인 부모는 자녀가 배움을 '즐거운 것'으로 여길 수 있도록 할 수 있는 최선을 다한다. 공부가 어렵고 힘든 것이란 인식이 생기면 지속하기도 쉽지 않을뿐더러 효율도 오르지 않는다는 것을 잘 알기 때문이다. 유대인은 아이가 공부에 흥미를 갖지 못하는 것은 가르치는 사람의 잘못이라고 생각할 정도로 공부의 재미를 중시한다.

배움의 즐거움이 공부의 토양이라 생각하는 유대인은 절대 아이에게 무리한 조기교육을 하지 않는다. 공부는 평생 해야 하는 것이기에 굳이 서두를 필요가 없다는 생각에서다.

유대인 부모는 조기교육이 아닌 적기교육을 한다. 먼저 출발한 아이가 먼저 도착할 것이라는 생각에서 하는 것이 '조기교육'이라면 '적기교육'은 출발해야 할 때를 놓치지 않는 것을 의미한다. 유대인 부모는 아이마다 배움의 시기에도 차이가 있기에 아이의 수준에 맞는 교육을 원칙으로 한다. 아이가 받아들일 수 있는 단계보다 어려운 지식을 주입하면 아이는 '공부는 어려운 것' '나는 못 해'란 인식을 가질 수 있기 때문이다.

새로운 것을 알아가는 즐거움이 진짜 공부의 시작

'발묘조장拔苗助長'이란 사자성어가 있다. 빨리 자라게 하려고 곡식을 뽑는다는 의미로, 『공자孟子』의 「공손추公孫丑」에 나오는 이야기다. 중국 송宋나라에 어리석은 농부가 있었다. 모내기를 한 후 벼가 어느 정도 자랐는지 궁금해서 논에 가보니 다른 사람의 벼보다 덜 자란 것 같았다. 급한 마음에 농부는 벼의 순을 잡아서 빼내었다. 기분 탓인지 몰라도 벼가 약간 자란 것 같이 느껴졌다. 집에 돌아와 식구들에게 하루 종일 벼의 순을 빼느라 힘이 하나도 없다고 말하자 식구들은 깜짝 놀랐다. 이튿날 농부의 아들이 논에 가보니 벼는 이미 하얗게 말라 죽어 있었다.

선행학습으로 아이의 성적을 끌어올리는 부모의 모습이 마치 이 농부와 같다. 일각에서는 아이가 학교에 들어가기 전부터 구구단을 가르치고, 중학교에 들어가기 전 정석을 끝내려 한다. 그러나 일찍부터 구구단을 외우고 정석을 풀던 아이는 부모의 기대와 달리 수학에 흥미를 잃어버린다. 고등학생이 되면 급기야 '수포자(수학을 포기한 자를 축약한 신조어)' 대열에 합류하는 모습을 주변에서 쉽게 볼 수 있다. 식물이든 사람이든 뿌리가 튼튼해야 한다. 벼가 스스로의 힘으로 땅속에 뿌리를 내리듯 아이가 충분히 배움의 뿌리를 내릴 시간을 줘야 한다. 스스로 알아가는 즐거움을 느끼는 데서 '진짜 공부'가 시작된다.

『논어』에서 공자는 스스로를 '공부를 좋아하는 사람'이라고 정의 내린다. "나는 무언가를 배울 때는 온 마음을 다해 먹는 것도 잊어버리고, 그 배움이 즐거워서 모든 근심 걱정도 잊어버린다. 그뿐인가. 나이가 들어서 늙음이 찾아오는 것조차 알지 못할 정도다." 공자가 배움을 사랑한 것은 공부 그 자체가 '기쁘고 즐거운 것'이었기 때문이다. 공자는 남에게 인정받기 위해, 다른 사람을 이기려고 공부하지 않았다. 오직 무언가를 배움으로써 새로운 깨달음을 얻는 즐거움에 집중했다. 우리도 '공부를 해야 한다.' '좋은 성적을 거두어야 한다.'라는 부담을 내려놓으면 공자가 느꼈던 즐거움을 느낄 수 있을 것이다.

"아이에게 물고기를 주지 말고 물고기 잡는 법을 가르치라."는 유명한 유대 격언이 있다. 유대인 부모는 아이가 지식이나 지혜를 스스로 터득할 수 있는 방법을 알려준다. 하나의 정답을 요구하지 않고, 자기만의 답을 찾는 공부를 할 수 있도록 돕는다. 하나의 질문에도 100명이 100가지 다른 답을 내놓은 현상은 이들의 공부법에 기인한다. 이 교육 철학은 학교에서도 똑같이 적용된다. 선생님은 학생들에게 과제를 내줄 때 가능한 한 많은 참고 자료를 참조할 것을 강조한다. 아이들은 자료를 찾고, 분석하고, 종합해 정리하는 과정에서 지식과 지혜를 얻는 방법을 배운다. 선생님의 평가 기준 또한 얼마나 적합한 자료를 정확하게 분석했는지, 그 과정에 주안점을 둔다. 유대인은 이렇게 자기만의 답을 찾는 공부를 평생 해나간다.

풀리지 않는 문제를 붙잡고 끙끙대다 결국 해답을 찾는 기쁨을 아이에게 알려 주자. 엄청난 기쁨과 통쾌함을 느끼는 순간, 아이는 스스로의 공부를 시작한다. '나는 할 수 있다'라는 자신감이 생긴다. 몰입의 즐거움을 알게 된다. 다른 사람과 비교하지 않고, 획일적인 평가방식에 연연하지 않는다면 공부는 충분히 즐거운 일이다. 공부라고 하면 절레절레 고개를 흔드는 어른들이 많은 것은 학창 시절 공부에 대한 기억이 좋지 않아서다. 어른의 공부는 인생을 사는 데 요긴한 법을 알려 주기도 하고, 여러 분야의 지식으로 인생을 풍요롭게도 한다.

호기심을 갖고 새로운 것을 알아가는 재미를 깨우쳐주자. 무엇이든 재미있으면 아이는 스스로 하게 돼 있다. 동시에 공부하는 목적, 즉 동기부여를 해주어야 한다. 왜 배워야 하는지, 배우는 목적이 무엇인지 아이와 대화해 보자. 배움의 뿌리를 튼튼히 내린 아이는 어떤 미래 변화에도 흔들림 없이 자기만의 길을 걸어갈 것이다.

> 아이와 함께 실천해 보세요!
> 1. 배움은 즐거운 것이라는 인식을 심어 주세요.
> 2. 좋아하는 것부터 잘할 수 있도록 이끌어 주세요.
> 3. 왜 배워야 하는지, 배우는 목적이 무엇인지 아이와 이야기 나눠 보세요.

과거의 리더가 말하는 리더라면 미래의 리더는 질문하는 리더다.
질문은 생각의 뿌리다. 마음껏 질문하게 하라.

미래 역량
02

'남보다 잘하기'가
아닌
'남과 다르게'

-유대인의 창의·개성 교육-

JEWISH

EDUCATION

LAW

AI 시대에 갖춰야 할 핵심 역량으로 '창의성'과 '상상력'을 꼽습니다. 앞으로의
경쟁력은 기존의 것과 다른 것을 창조해 내는 능력에 있어요. 유대인 부모는
'남보다 잘하기'를 바라지 않아요. '남과 다르게'를 강조하지요. 그만큼 아이의
개성을 존중합니다. 공부라는 일률적인 잣대로 아이를 평가하는 것이 아니라
아이가 가진 재능이 어디에 있는지 찾아내고 키워주는 데 집중합니다. 한 명
의 낙오자 없이 100명이면 100명 모두 '유니크'한 인재로 만드는 것이 유대인
교육의 기본 철학입니다.

창의성의 시작은 호기심입니다. 어려서부터 끊임없이 질문하는 습관을 갖게
하세요. 세상에 당연한 것은 없다는 점을 알려 주는 데서 질문은 시작됩니다.
항상 의문을 갖고 기존의 것과 다른 창의적인 아이디어를 생각하게 이끌어 주
세요.

'베스트'가 아니라
'유니크'가 되어라

"모두가 한 방향으로만 향하면 세계는 기울어지고 말 것이다."
남보다 뛰어난 사람이 아니라 남과 다른 사람이 되라는 말이다.

『탈무드』에는 "자녀를 가르치기 전에 눈에 감긴 수건부터 풀라."는 말이 나온다. 아이의 기질과 개성을 무시한 채 부모의 욕심과 바람을 앞세우지 말라는 뜻이다. 유대인은 하나님이 아이마다 다른 달란트, 즉 재능을 내린다고 믿는다. 자녀교육을 신에 대한 의무로 여기는 유대인은 아이의 재능을 발견하는 데 최선을 다한다. 그리고 아이가 그 능력을 최대한 발휘할 수 있도록 이끄는 역할에 충실하다. 아이가 어떤 달란트를 갖고 있든 그것을 존중하고, 칭찬으로 달란트를 키워준다. 아이 또한 어릴 때부터 자신의 달란트가 무엇인지를 모색하며 성장한다.

유대인은 무엇보다 다양성을 존중한다. 유대 격언에는 "100명의 유대인이 있다면 100개의 의견이 있다."라는 말이 있다. 모든 사람이 다른 존재라는 의미다. 다른 것은 단지 다른 것이지, 틀린 것이 아니라는 인식을 유대인들은 확고히 갖고 있다. 사람마다 달란트는 각기 다를 수밖에 없기에 유대인은 아이를 공부와 같은 획일적 잣대로 평가하지 않는다. 유대인을 지칭하는 '히브리'는 '혼자서 다른 쪽에 선다'라는 의미를 담고 있다. 이 유래처럼 유대인은 자기만의 길, 다른 길을 걷는 것을 자연스레 받아들인다. 아이만의 특별한 재능을 찾아내고, 아이가 목표를 향해 최선을 다하도록 이끌어 준다.

아이의 개성을 살려준 부모

자기 분야에서 일가를 이룬 유대인의 성공스토리 뒤에는 그들의 재능을 알아봐 주고 믿어 준 부모가 있다. 21세기 영화계의 거장 스티븐 스필버그는 어릴 때 난독증을 앓는 학습 부진아였다. 스필버그는 공부에 흥미가 없었고, 학교 가기를 무척이나 싫어했다. 유대인이라는 이유로 친구들에게 따돌림을 받았기에 그는 늘 혼자서 공상에 빠져들곤 했다. 스필버그의 어머니는 이런 아들에게 공부를 강요하지 않았다. 대신 아들의 꿈을 믿어 주었다. 아들이 학교에 가기 싫다고 꾀를 부리면 "아이가 아파 학교에 갈 수 없다."라고 거짓편지를 써 주기도 했다.

"나는 솔직히 단 한 번도 전형적인 어머니였던 적이 없어요. 아들이 원하는 건 들어줘야 한다고 생각했을 뿐이죠. 그것이 아이의 독창성을 살리는 길이라고 믿었습니다."

-레아 아들러(스티븐 스필버그 어머니)

학창 시절 스필버그는 8mm 무비카메라를 가지고 다니며 촬영을 하고, 영화처럼 편집하기에 몰두했다. 어머니는 아들의 작품을 늘 끝까지 관람하고 엄지를 치켜세웠다. 그녀는 "엄마가 기대할게", "네 상상력은 세계 최고!"란 말로 아들을 격려했다. 스필버그의 어머니가 "남들 다 공부하는데 너는 뭐 하고 있느냐, 인생 어떻게 살려고 하느냐?"라고 다그쳤다면 어떻게 되었을까. 그녀는 남과 다른 아들을 남과 비교하지 않고, 개성을 존중했다. 아들이 좋아하는 일을 할 수 있도록 최선을 다해 돕고, 성공에 이르기까지 격려하며 묵묵히 지켜봐 주었다.

인류 역사상 가장 IQ가 높다고 알려진 '천재 과학자' 아인슈타인도 네 살이 되어서야 겨우 말을 시작했다. 초등학교에 들어가서도 그는 수업을 따라가지 못해 학교 선생님으로부터 '도저히 공부할 수 없는 아이'라는 이야기까지 들었다. 호기심 많은 아인슈타인은 수업시간에도 엉뚱한 질문을 많이 해 교사로부터 산만하다는 주의를 끊임없이 들었다. 급기야 학교 선생님은 그의 어머니에게 "다른 아이들에게까지 나쁜 영향을 끼칠지 모르니 학교에 오지 않았으면 좋겠다."고 말했다.

아인슈타인 어머니는 선생님의 말에도 아들을 혼내거나 포기하지 않고, 아인슈타인을 직접 가르쳤다. "너는 똑똑한 아이다. 다만 다른 사람들이 그걸 모를 뿐이란다. 남들과 같으면 결코 남보다 나을 수 없단다." 어머니는 호기심 많은 아인슈타인의 질문을 단 하나도 그냥 넘기지 않고 함께 답을 찾아 나갔다. 특히 아들이 좋아하는 물리와 관련된 책들을 읽는 것을 도와주었다. 덕분에 아인슈타인은 열다섯 살에 데카르트, 뉴턴, 유클리드 등 우수한 학자들의 저서들을 독파했고, 다른 아이들이 유난히 힘들어하고 싫어하는 물리, 철학, 화학에 능통했다. 남다른 아이를 남다르게 키운 어머니의 교육 철학이 세기 최고의 물리학자를 만들어 냈다.

유대인 부모는 자녀의 의사를 최대한 존중하되, 자신이 원하는 것을 이루기 위해서는 최선을 다해야 함을 강조한다. 세상에 그 어떤 것도 거저 얻어지는 것은 없다. 자신이 선택한 일이기에 결과에 대한 책임 또한 자신의 몫이다. 아이의 자유의지를 존중하면 아이는 책임감을 느낀다. 유대인 부모는 아이가 하고 싶은 일을 마음껏 할 수 있도록 지지하고, 칭찬과 격려로 아이에게 긍정적인 자아상을 심어 준다. 부모의 전폭적인 믿음은 아이가 어떤 상황에서도 어려움을 헤쳐가는 힘이 된다. 노벨상을 두 번이나 탄 물리학자 라이너스 폴링은 이렇게 말했다.

"저는 제 삶을 통틀어 제가 하고 싶지 않은 일, 제가 즐기지 못하는 일은 한 번도 한 적이 없었습니다. 단지 매사에 내가 할 수 있는 최선을 다하면서 살았을 뿐입니다."

아이가 가진 개성을 발견하라

"모두가 한 방향으로만 향하면 세계는 기울어지고 말 것이다."『탈무드』에 나오는 말이다. 유대인 부모는 아이에게 "남보다 뛰어난 사람이 돼라."는 말 대신 "남과 다른 사람이 돼라."고 조언한다. 남들이 가는 길을 무작정 따라가지 말고, 자신만의 길을 찾으라는 의미다. 유대인은 남과 같기를 원하지 않는다. 심지어는 노는 방식도 달라야 한다고 강조한다. 아이의 개성을 살려 주는 것이 결국 성공으로 가는 지름길이라 굳게 믿기 때문이다.

남과 다른 '무언가'를 가지면 독보적인 지위를 점할 수 있다. '베스트best'는 한 명이지만 '유니크unique'는 모든 사람이 될 수 있는 이치다. 이렇게 유대인들은 100이면 100명 모두 1등으로 키운다. 유대인이 한 명의 낙오자도 없이 인재를 양성하는 방법이다.

개성을 강조하는 교육에서 창조가 나온다. 틀에 짜인 패러다임에서 벗어나지 못하면 자유롭게 생각할 수 없다. 남과 다른 개성을 존중하는 유대인의 교육은 자유로운 사고를 할 수 있는 토양이 된다. 기존의 전문가, 권위, 이론을 수동적으로 받아들이지 않고 의문을 품는 데서 혁신이 일어난다. 익숙함에서 벗어나는 도전은 큰 용기가 필요하다. 유대인은 그 용기로 인류에 남다른 획을 그어왔다. 유대인은 기존 사고의 틀을 깨고 자유롭고 독창적인 생각을 한다. 오직 나만이 할 수 있는 새로운 길을 창조해 간다. '경영학의 아버지'라 불리는 피터 드러커는 이렇게 말했다.

"미래를 예측하는 가장 좋은 수단은 새로운 것을 창조하는 것이다."

미래를 예측하기 어렵지만 우리는 그것을 창조할 수 있다. 창조는 미래를 예측하는 최고의 열쇠다.

모두가 한 길로 들어서면 피 터지는 생존 경쟁이 불가피하다. 극소수가 승자의 축배를 드는 순간, 수없이 많은 낙오자들이 쏟아진다. 모든 아이는 천재로 태어난다고 했다. 단지 그 아이의 특별한 재능을 알아내느냐 여부가 천재와 낙오자를 가른다. 동그라미, 세모, 네모 모양이 다르듯 아이도 마찬가지다. 부모가 아이가 가진 개성을 발견할 때 아이는 자신의 역량을 최대한 발휘한다. 동그라미 모양의 아이를 세모나 네모 아이와 비교하지 않고, 동그라미 특성을 인정하고 믿어 주자. 아이는 타고난 천재성을 발휘해 더 나은 세상을 창조하는 데 큰 획을 그을 것이다.

아이와 함께 실천해 보세요!

1. 아이만의 재능을 발견하고 키워 주세요.
2. 아이가 하기 싫은 걸 억지로 시키지 마세요. 하고 싶은 건 최선을 다하라고 가르치세요.
3. 다른 아이와 비교하지 마세요.

여행을 중요하게
생각하는 이유

여행은 아이에게 익숙한 것을 새롭게, 낯설게 보게 한다.
낯설게 보는 데서 창의력이 나온다.

—

유대인은 유별날 만큼 여행을 좋아한다. 다른 데 쓸 돈은 없어도 여행은 꼭 가는 경우가 많다. 이들은 경험을 사는 데 돈을 쓴다. 물건은 시간이 갈수록 낡아가지만, 경험은 사람을 성장시킨다고 생각한다. 유월절, 초막절, 여름휴가 등을 이용해 일 년에 두 번 이상 해외여행을 떠난다. 개학하면 학교 교사가 학부모에게 당부하는 말이 '제발 수업 빠지고 해외여행 가지 말라'는 말이라고 한다. 그만큼 여행에 적극적이다. 유대인 부모는 아이가 어릴 때부터 여행을 권한다. 유치원이나 학교에서 가는 1박2일 여행에 적극적으로 참여시키고, 방학이면 캠프를 보낸다. 혹은 멀리 사는 친척에게 혼자 보내기도 한다.

이스라엘 학교에서는 매년 수학여행을 간다. 저학년은 하루, 고학년은 3~4일 정도 전국을 여행하면서 캠핑하고, 유적지 등을 돌아본다. 고등학교를 마치면 남녀 모두 군대에 가는데, 군 복무를 마치면 대부분 해외여행을 간다. 한 달, 두 달, 길게는 1년까지도 여행을 하며 새로운 경험을 쌓는다. 여행 비용은 아르바이트를 해서 스스로 마련한다. 성 아우구스티누스는 "세상은 한 권의 책입니다. 그리고 여행을 하지 않는 사람들은 책의 한 페이지만 읽는 것일 뿐입니다."라고 말했다.

사실 유대인의 역사를 보면 여행을 중요하게 생각하는 것이 이해된다. 유대인은 2천년 넘게 세계 각지에 흩어져 살았다. 여기서 쫓겨나면 또 다른 곳으로 터전을 옮기는 것이 이들에겐 일상이었다. 유대인은 그 새로운 문화를 받아들이고 적응하는 능력을 DNA에 새기게 되었다.

이스라엘은 이렇게 유랑하던 사람들이 만든 국가다. 이곳에는 서로 다른 종교, 인종, 문화, 사회적 배경을 가진 이들이 다양한 문화 속에서 뒤섞여 살고 있다. 서로 다름을 당연하게 받아들이고 '내 것'과 융합해 새로운 것을 창조해 낸다. 이들은 복잡하고 혼란스러운 다양성 속에서 창의성이 시작된다고 생각한다. 유대인은 불가피하게 떠돌아다녔지만 그 덕에 다양한 경험이 매우 중요하단 깨달음을 일찌감치 얻었다. 2천 년간 유랑하던 유대인은 지금도 이곳저곳을 여행하면서 세상을 읽고 있다.

새로운 경험이 뇌를 자극한다

여행하면 새로운 것이 보인다. 보면 느끼고, 생각하고, 알게 된다.

평소 알고 있던 것도 낯설게 보인다. 창의력은 기본적으로 '낯설게 하기'에서 온다. 새로운 관점으로 보는 과정에서 획기적이고 창의적인 발상이 나온다. '창의력 전도사' 최진석 서강대학교 철학과 명예교수는 "낯설게 하기를 가장 쉽게 할 수 있는 것이 여행"이라고 말한다. 여행을 떠나면 매 순간 새로움이 펼쳐진다. 숨 쉬는 공기, 길거리 소음, 지저귀는 새소리마저도 다르게 느껴진다. 그러다 돌아오면 일상도 새롭게 보인다. 바퀴 달린 여행용 가방, 지우개를 장착한 연필, 컴퓨터 기능을 갖춘 휴대폰 등은 기존의 것을 새로운 시각으로 보는 데서 나왔다.

새로운 경험은 뇌에 자극을 준다. 낯선 곳에서의 일주일은 마치 한 달과 같이 길게 느껴진다. 뇌가 새로운 정보를 인식하기 위해 열심히 일하기 때문이다. 어렸을 때 시간이 더디 가는 것처럼 느꼈던 이유도 매일 새로운 것들을 경험하기 때문이다. 반면 나이가 들면서 세월이 빨리 가는 것처럼 느껴지는 것은 삶에 변주가 없어서다. 새로운 변화가 있을 때 뇌는 활성화되고 창조성을 발휘한다. 유대인은 여행을 통해 다양한 경험을 쌓고, 그 경험으로부터 새로운 기회를 찾는다.

유대인인 루스 핸들러는 아이들이 좋아하는 '바비 인형의 어머니'다. 조그만 완구 업체를 운영하던 그녀는 스위스로 떠난 가족여행에서 성인용 완구 인형을 보고 아이디어를 얻었다. 루스는 딸 바바라가 어른 흉내를 내고 싶어 한다는 데 착안해 풍만한 성인 여성 인형을 만들었다. 세계 최초였다. 그런가 하면 유대인인 '카지노 거부' 셸던 아델슨은 사막의 도시 라스베이거스에 '물의 도시' 베네치아를 재현한

'베네시안 리조트'를 세웠다. 이탈리아 베네치아 여행에서 영감을 얻은 것이다. 이후 아시아로 진출한 그는 '샌즈 마카오 카지노', '마리나 베이 샌드 카지노', '파리지앵 마카오'를 세웠다.

유대인은 여행을 통해 융합하는 힘을 기른다. 다른 문화에서 보고, 듣고, 느끼고, 생각한 것을 그대로 받아들이거나 배척하지 않고 자기만의 방식으로 '자기화'해 받아들인다. 다양성이 공존하는 곳에서 자란 유대인은 저마다 다름을 이해하고 인정한다. 그렇기에 나 또한 기꺼이 다르게 생각하고 행동할 수 있다는 인식이 뿌리 깊이 박혀 있다. 창조의 시작은 다양성을 인정하는 데서부터다. 유대인은 그 안에서 자기만의 기준을 갖고 다르게 바라봄으로써 창조하는 힘을 길러 나간다.

프란시스 베이컨은 '여행이란 젊은이들에게는 교육의 일부이며, 연장자들에게는 경험의 일부'라고 했다. '평생 배움'을 추구하는 유대인은 아이가 배우는 것을 즐겁게 여기도록 갖은 노력을 기울인다. 그래서 이스라엘에는 야외수업이 유난히 많다. 유치원, 초등학교 저학년은 수시로 야외에 나가 보고 듣고 느낀 것에 대해 자유롭게 이야기하고 토론한다. 때로는 산이나 사막 등에서 텐트를 치고 자기도 한다. 역사 수업 시간에는 '통곡의 벽'을 함께 걷고 다윗왕 무덤을 돌아보는 식이다. 아이들은 탐험하고 관찰하면서 '왜?'라는 호기심을 갖는다. 호기심은 배움에 대한 끊임없는 욕망을 낳고, 아인슈타인과 같은 창의적 인재를 길러낸다.

여행에서는 예측 불가한 일들이 종종 벌어진다. 인생과도 닮았다. 유대인 부모는 아이가 문제에 부닥쳤을 때 스스로 해결할 기회를 준다.

설사 아이가 어려움을 겪더라도 유대인 부모는 최대한 기다린다. 경험을 통해 얻는 지혜는 평생 몸에 남기 때문이다. 물고기를 잡아주지 않고 물고기 잡는 법을 알려주는 유대인 교육법이다. 아이는 새로운 방식을 다양하게 시도해봄으로써 문제 해결의 실마리를 찾아간다.

이 과정에서 스스로 해낼 수 있다는 자신감과 자기효능감이 생긴다. 어떤 어려움이 닥쳐도 '나는 할 수 있다'는 자기 확신을 가지면 자기만의 길을 자기만의 속도로 갈 수 있다. 창조하는 힘이 생긴다.

세계 최고의 디자인기업 IDEO 창업자가 쓴『유쾌한 크리에리티브』에서는 '창의적 자신감'이 있다면 충분히 창의적인 존재가 될 수 있다고 말한다. 중요한 것은 스스로가 그렇게 될 수 있다고 믿고 결심하는 것이다.

여행은 나를 발견하는 과정이다. 독서가 머리로 하는 것이라면 여행은 몸으로 하는 공부다. 일상을 벗어나 낯선 곳에서 나를 새롭게 보게 된다. 스스로에게 질문을 던지면서 사색하는 시간을 가져 보면 있는 그대로 솔직한 자신의 모습을 만날 수 있다. 자기만의 생각, 기준, 방식이 생겨난다. 세상의 기준, 타인의 잣대가 아니라 자기가 중심이 된 삶을 영위하게 된다. 그제야 비로소 내 인생의 주인으로 사는 것이다.

스스로를 가치 있다 여기고 아끼고 존중하는 삶에서 자기존중감이 생긴다. 자존감이 있는 사람은 다름을 인정하고 그로부터 융합, 창조를 이끌어 낸다. 일방적으로 추종하거나 배척하지 않는다. 여행은 나를 발견하고, 내 삶의 주인이 되고, 창조하는 힘을 기르는 과정이다.

돌아보면 인생은 추억의 편집이라고들 한다. 유대인은 아이들과의 여행을 통해 가족들만의 잊지 못할 역사를 써나간다. 더 많은 대화를 나누고, 서로를 더 알아가고, 더 많이 웃는다. 일상을 뒤로하고 휴식하면서 에너지를 다시 채워 넣는다.

살다 보면 문득문득 여행지에서의 공기, 냄새, 기온이 그려질 때가 있다. 그때 느꼈던 감정, 생각까지도 떠오른다. 그 추억은 일상을 살아가는 힘이 된다. 아이와 즐거운 기억을 적금 들듯 쌓아가자. 아이와 여행지를 정하고 계획을 짜는 것부터가 여행의 시작이다. 반드시 멀리 떠나야 여행인 것은 아니다. 신발을 신고 나가 보고, 듣고, 느끼면 된다. 태어날 때부터 가지고 있던 아이의 창의성이 힘을 제대로 보여 줄 것이다.

아이와 함께 실천해 보세요!
1. 여행지 선정부터 계획까지 아이와 함께 놀이하듯 작성해 보세요.
2. 아는 만큼 보인다고 하죠. 여행지에 가기 전 아이와 사전 조사를 해보세요.
3. 여행 중 아이에게 주도적 역할을 맡겨 보세요.

행복도 기회도
사람에게서 온다

이웃, 회사 동료, 친척 등 다양한 사람을 만날수록
아이는 융합형 인재로 성장해 간다.

정현종 시인의 「방문객」이란 시에는 이런 구절이 나온다.

사람이 온다는 건

실은 어마어마한 일이다.

그는

그의 과거와

현재와

그리고

그의 미래와 함께 오기 때문이다.

한 사람의

일생이

오기 때문이다.

다양한 사람과의 만남은 사람을 성장시킨다. 새로운 사람을 만나면 그 사람이 가진 모든 것을 접하게 된다. 때론 미지의 분야, 미처 생각지 못했던 부분까지 사유가 확장되기도 한다. 유대인은 다른 사람과의 만남을 통해 아이의 관심 분야를 넓히고, 지적 호기심을 키우고자 노력한다.

여러 분야의 융합과 통섭을 통해 창의력이 발현된다는 것을 알기 때문이다. 그 때문에 유대인 부모는 다른 사람과 저녁 식사 약속을 잡을 때면 늘 가족과 함께한다. 친구나 친척집을 방문할 때도 가족 단위로 만나 또 다른 공동체를 만든다. 아이들은 서로 다른 생활방식, 사고방식을 접하면서 다방면에 호기심을 갖게 된다. 나아가 새로운 세상을 보면서 나는 누구인지, 어떻게 살아가야 할지, 무엇을 해야 할지 생각한다.

동물도 세력권 외부에서 다른 동물과 접하면서 진화한다. 사람도 마찬가지다. 다른 분야, 다른 업종, 다른 사고방식과 교류하면서 변화가 일어난다. 매일 제한된 사람만 만나다 보면 똑같은 자극만 받게 되고 어느 순간 무뎌지기 마련이다.

새로운 자극이야말로 사람을 앞으로 나아가게 한다. 나와 다른 이의 무언가가 만났을 때 비로소 융합의 불꽃놀이가 시작된다. 누군가와의 만남이 나의 껍질을 부수는 힘을 주기도 하고, 운명을 바꾸기도 한다. 은행원으로 입사해 아사히맥주 명예회장까지 지낸 히구치 히로타로는 이렇게 말했다.

"젊었을 때는 돈을 빌려서라도 훌륭한 인적 네트워크를 만들어야 한다. 물은 어떤 그릇에 담느냐에 따라 모양이 달라지지만, 사람은 어떤 사람을 사귀느냐에 따라 운명이 결정된다."

4차 산업혁명 시대 생존 무기, NQ

유대인 부모는 아이에게 입버릇처럼 말한다. 사람을 만나는 일이 인생에서 얼마나 중요한 일인지를. 좋은 사람을 곁에 많이 둘수록 그로부터 성장할 수 있다는 것을 깨우쳐준다. 유대인은 다양한 만남을 통해 나는 누구인지 질문하고, 어떻게 살아야 할지 생각한다. 끝없는 성찰을 통해 '최고의 나', '최선의 나'로 살아가야 함을 깨우친다.

유대인에게 다양한 만남은 궁극적으로 자기 성장이다. 다양한 정보나 관점 등을 자신이 가진 것들에 접목하고, 늘 새롭게 자신의 세계를 창조해 간다. 이와 같은 환경에서 자란 유대인 아이들은 다양한 사람을 만나 새로운 이야기를 듣는 것을 무척이나 즐긴다. 그것이 자신을 성장시키고 좋은 기회를 준다는 것을 알기 때문이다.

이제 홀로 성공하는 시대는 지나갔다. 구글, 마이크로소프트 등 초일류 글로벌 기업들은 이미 '함께 일하고 싶은 사람', 즉 협업력이 뛰어난 인재를 채용한다. 각자의 역량이 단순히 더해지는데 그치지 않고 곱하기를 하여 시너지를 꾀하는 것이다.

아이들이 살아갈 미래의 생존 무기는 'NQ$^{Network\ Quotient}$'다. NQ는 관계지수이자 공존지수로, 사람들과의 관계가 원만하고 잘 소통하는 능력을 일컫는다. 미래를 살아갈 아이들에게 NQ가 중요한 이유는 지식 공동체를 이루는 데 필수 역량이기 때문이다.

"'염소'라는 단어를 보고 문과생은 '음메~'를 떠올리는 데 반해, 이과생은 'Cl(원소기호)'를 생각한다." 한때 SNS에서 떠돌던 '문과생과 이과생의 차이'라는 우스갯소리 중 하나다. 이렇게 다양한 지식과 생각을 하는 사람들과 소통하고, 새로운 결과물을 도출해 내는 힘, 이것이 미래의 핵심 역량이다. 혼자 성취하고 박수받는 기쁨보다 남들과 함께 이뤄내는 과정 자체를 즐기는 아이로 키워야 한다.

다양한 만남은 아이의 사회성을 단련시킨다. 인간은 사회적 동물이라는 아리스토텔레스의 말을 굳이 빌리지 않더라도 우리는 혼자 살 수 없다. 사람과의 관계 속에서 행복을 느끼고 관계 속에서 성장한다. 유대인 부모는 아이의 학업만큼이나 사회성을 중요하게 여긴다. 어릴 때 다양한 사람들과의 접촉은 새로운 만남에 대한 두려움을 없애고 대인관계에 자신감을 준다.

보통 사람들은 친화력이 타고나거나 시간이 지나면 좋아지는 것이라 생각한다. 그렇지 않다. 인간관계도 연습이 필요하다. 유대인 부모는 지인과의 만남뿐 아니라 가게나 레스토랑 등에서도 사람 대하는 법을 가르친다. 인간관계도 근육과 마찬가지로 쓰는 만큼 발달한다.

유대인은 아이가 어렸을 때부터 인간관계를 가르친다. 유대인 부모는 특히 경청을 강조한다. 상대방의 입장에서 듣고, 진심으로 공감하는 것, 그것이 인간관계의 시작임을 알기 때문이다. 그리고 올바른 성품과 남을 배려하는 마음을 가져야 한다고 주지시킨다. 사람을 얻는 중요한 원칙으로는 상대방에게 먼저 베풀 것을 강조한다. 늘 상대방에게 내가 해줄 수 있는 것이 무엇인지 고민하라는 것이다. 나의 것을 먼저 내어주고, 타인과의 관계 속에서 성장하고 행복을 느끼는 것, 이것이 유대인 부모가 아이에게 가르치는 인간관계법이다.

살다 보면 진짜 기회는 사람에게서 오는 경우가 많다. 유대인은 자기 성장, 나아가 성공을 위해 우호적 네트워크를 탄탄히 쌓아야 함을 아이들에게 가르친다. 워싱턴 정가에서는 "무엇을 아느냐가 아니라 누구를 아느냐."란 말이 회자된다. 그만큼 인적 네트워크의 가치를 높이 평가한다.

유대인 미래학자 자크 아탈리는 이렇게 말했다.

"지금까지 가난은 갖지 못한 것을 의미했다. 앞으로의 가난은 소속되지 못한 것이 될 것이다. 미래의 첫 번째 자산은 네트워크에의 소속이 될 것이다. 이것은 '주도적으로 성취해가는 삶'을 살아갈 수 있는 우선적 조건이 될 것이다."

하버드대가 1938년부터의 성인 삶에 관한 연구를 시작해 80년간 724명의 삶을 추적한 결과, 행복하고 성공적인 삶을 영위한 사람들은 가족, 친구, 공동체와의 관계를 중시하는 사람들이었다.

"인생의 가장 큰 기회란 바로 귀인을 만나는 것이고, 이는 인맥에 달렸다. 긴 여행을 떠날 때 짐을 꾸려줄 사람, 비바람을 만났을 때 우산이 되어줄 사람, 성공의 고지가 코앞에 놓여 있을 때 마지막으로 뒤에서 밀어줄 사람이 귀인이다." 홍콩 재벌 리카싱의 말이다. 결국 사람이 답이다. 자기 성장도, 성공의 기회도, 행복도 사람으로부터 온다.

아이에게 다양한 사람과의 만남을 허해야 한다. 이웃, 회사 동료, 먼

친척이라도 좋다. 가족 단위로 만나 이야기의 물꼬를 터보자. 사실 부모에게도 인간관계는 풀리다가도 안 풀리는 오묘한 문제인지 모른다. 느슨한 인연이 편하기도 하고, 죽고는 못살던 인연이 일찍이 수명을 다하기도 한다. 그럼에도 변치 말아야 할 것은 진정성이다. 누구를 만나든 그 순간 내 앞에, 옆에 있는 사람에게 진심을 보이는 것, 아이에게 그걸 알려 주자. 그다음은 아이의 몫으로 남긴다.

아이와 함께 실천해 보세요!

1. 다양한 사람들과 만나는 자리에 아이를 소개하세요.
2. 잘 듣고, 깊이 공감하는 자세가 얼마나 중요한지 알려 주세요.
3. 먼저 베푸는 법을 가르쳐요.

현대 경영학의 아버지, 피터 드러커를 만든 것

피터 드러커는 미국과 유럽을 오가며 50년이 넘도록 교수, 컨설턴트, 언론인, 작가, 경제학자, 정치학자, 역사학자, 경영학자로서의 삶을 살았습니다. 그는 60세가 넘어서도 3년마다 분야를 넘나들며 연구하고, 가르치고, 책을 썼어요.

이러한 피터 드러커의 왕성한 지적 호기심은 어릴 적 그의 부모님 영향이 컸답니다. 그의 아버지는 경제학자이자 법률가로 오스트리아-헝가리 제국의 외국무역성 장관을 지냈고 어머니는 프로이트 강의를 들은 정신과 의사였습니다. 매주 월요일 저녁이면 드러커의 집에는 각계각층의 사람들이 초대되어 정치와 경제, 사회, 심리, 예술에 관한 주제에 관해 토론을 펼쳤습니다.

부모님 덕분에 어린 드러커는 프로이트, 폰 미제스, 토마스 만 등 당대 명망 있는 음악가. 미술가 소설가 경제학자 등을 직접 만날 수 있었죠. 피터 드러커의 아버지는 만나는 사람마다 아들에게 악수를 시켰습니다. 피터 드러커의 아버지는 다른 명사들의 집에 초청받았을 때도 늘 가족과 함께했어요.

"사물에 대한 통찰력은 사람을 관찰하는 데서 시작된단다. 다양한 사람들을 만나면서 호기심을 갖고 유심히 관찰했으면 좋겠구나."

훗날 드러커는 아버지의 조언대로 잭 웰치 등 당대 최고의 경영인뿐 아니라 수많은 석학과 교분을 나누었어요. 드러커는 96세에 죽음을 맞은 그 날까지 끊임없이 성장하는 현역으로의 삶을 살았습니다. 이 시대 진정한 르네상스인, 피터 드러커를 만든 것은 사람에 대한 관찰에서부터 시작됐답니다.

아이의 상상력에 필요한
독서, 예술, 놀이

지식보다 중요한 것이 상상력이다.
아이가 상상력을 키울 수 있도록 열심히 뛰어놀게 하라.

21세기 천재 물리학자 아인슈타인. 그는 상상력을 통해 과학의 새로운 지평을 열었다. 아인슈타인 자신을 '빛의 속도로 이동하는 첫 번째 광자를 뒤쫓아 가는 두 번째 광자'라고 상상했다. 그리고 광자의 관점에서 우주를 바라보고 느낀 것을 이론으로 정립했다. 이것이 바로 상대성이론이다. 그가 상대성이론을 착안해 내는 데 걸린 시간은 고작 10분에 불과했다고 전해진다. 그에게 수학이나 형식논리학은 부차적 수단이었다. 상상력을 통한 직관으로 떠올린 것이다. 이후 그 이론을 수학적으로 증명해 내는 데는 많은 수학자의 도움을 받았다고 한다. 아인슈타인은 이렇게 말했다.

"나는 상상력을 자유롭게 이용하는 데 부족함이 없는 예술가다. 지식보다 중요한 것은 상상력이다. 지식은 한계가 있다. 하지만 상상력은 세상의 모든 것을 끌어안는다."

상상력은 실제 경험하지 않은 현상이나 사물을 구체적 이미지로 형상해 내는 능력을 말한다. 즉 여기에 있지는 않지만 있는 것처럼 마음속에 그려보는 것이다. 상상력은 눈에 보이지 않는 것을 생각해서 구체화하는 힘이다. 차를 한 대도 소유하지 않는 택시회사 우버, 호텔 하나 보유하지 않은 숙박업소 에어비앤비, '세상을 연결한다'는 페이스북, 실시간으로 전 세계 지도를 볼 수 있는 구글맵, 누구나 동영상을 올릴 수 있는 유튜브, 어느 날 소년이 마법학교에 가서 벌어지는 이야기 『해리포터』…. 이 모든 것이 상상력이 만들어 낸 결과물이다. 상상력은 창의성의 가장 큰 부분으로 모든 창조적 활동의 기초가 된다.

어머니가 유대인으로 알려진 월트디즈니는 플로리다주 올랜도 남서부에서 25킬로미터 떨어진 황무지를 사들였다. 보통 사람에겐 그저 늪지였던 곳을 디즈니는 갖은 상상력을 동원해 전대미문의 놀이왕국을 세웠다.

유대인의 창조성은 상상력으로부터 나온다. 이들은 어려서부터 자연스럽게 상상력 훈련을 받는다. 유대인에게는 '보이지 않는 신'이라는 개념이 있다. 다른 민족이 달, 해, 나무 등 우상을 숭배하고 섬기던 3천 년 전. 유대인은 보이지 않는 초자연적인 존재가 있다는 생각을 했다. 만질 수도, 볼 수도, 들을 수도 없는 초월적인 존재가 있다고. 유대인 부모는 '세상에는 눈에 보이지 않지만 분명 존재하는 것들이 있다'는 것을 주지시키고 상상력을 길러 준다.

유대인 아이들은 '형상화할 수 없는 하나님'을 생각하며 추상적 사고력을 기른다. 유대교는 우상 숭배를 철저히 거부한다. 그런 이유로 신의 형상을 한 그림이나 조각이 없다. 기독교에서 십자가에 못 박힌 예수 그리스도의 조각과 그림이 많은 것과 대조적이다. 유대인에게 하나님은 언제나 보이지 않는 추상적 영역에 존재한다. 그래서 이들은 늘 추상적인 존재를 생각하는 훈련을 할 수밖에 없다. 추상적 사고와 상상력은 깊은 생각으로부터 나온다는 면에서 맥을 같이한다.

상상은 불가능한 것을 가능케 한다. 비논리적인 것도 상상력을 통해 논리적으로 변할 수 있다. 중세에 누군가가 "언젠가 우린 달에 갈 수 있을 거야."라고 말했다면 어땠을까? 아마도 대다수는 터무니없는 이야기라고 무시했을 것이다. 그러나 기술의 진보로 사람은 달에 갈 수 있게 되었다. 쥘 베른의 소설 『해저 이만리』의 잠수함 노틸러스는 최초 원자력잠수함 노틸러스호를 낳았다. 그의 '80일 만의 세계 일주'는 이미 실현되어 이제는 하루면 세계를 일주할 수 있다. '달나라 여행'도 1969년 유인 달나라 착륙선 아폴로11호로 실현됐다. 1982년 영화 〈ET〉에서 하늘을 나는 자전거는 몇 해 전 한 영국 아마추어 발명가가 발명했다. 상상이 곧 현실 창조의 재료인 셈이다.

이제 3D 기술의 발명으로 컴퓨터로 그릴 수 있는 모든 입체를 제품으로 생산할 수 있다. 내가 원하는 집도 내가 짓고, 자동차도 만들 수 있는 세상이 올 것이다. 인공지능AI 시대도 열렸다. '인간 대표' 이세돌 9단도 AI 앞에서 주저앉았다. AI와 3D 기술, 그리고 사물인터넷IoT

이 세상을 어떻게 바꿔 갈지 상상조차 하기 힘들다. 아이들은 이제 상상력이라는 원료로 혁신을 만들어 내는 시대를 살게 될 것이다.

상상력을 키우는 법

1. 이야기 들려주기

유대인은 부모는 『탈무드』와 『토라』를 읽어주면서 아이의 상상력을 자극한다. 홍해를 가른 모세의 이야기, 돌로 거인을 쓰러트린 다윗의 이야기, 머리카락이 잘려 힘을 잃은 삼손, 고래뱃속에 들어갔다가 나온 요나 이야기…. 이런 이야기를 흥미진진하게 들려주며 아이의 느낌과 생각을 끊임없이 묻는다. 아이의 엉뚱한 이야기나 질문은 상상력의 출발점이다. 유대인 부모는 아이의 이야기에 꼬리에 꼬리를 물고 질문을 이어간다. 그리고 책을 끝까지 읽지 않고 결말을 남겨둔다.

"앞으로 어떤 이야기가 펼쳐질까? 궁금하지? 내일 또 읽어줄게."

아이는 다음 이야기를 상상하며 자기만의 이야기를 만든다.

2. 미술 놀이

유대인 부모는 아이의 예술 교육에도 많은 관심을 기울인다. 예술이 창의적 상상력을 키운다고 믿기 때문이다. 아이들은 두세 살 때부터 미술 놀이를 시작한다. 자기 마음대로 그리고 찢고, 붙이면서 자신의 생각을 연결하고 확장한다. 미술 놀이를 할 때도 유대인 부모는 '남과 다르게'를 강조한다. 아이는 자기만의 생각을 미술로 표현하면서 상상력을 키운다. 아이가 만든 작품에 대해 유대인 부모는 깊은 관심을 보이며 아이와 대화를 나눈다. 그리고 아이의 상상력에 대해 칭찬을 잊지 않는다.

3. 음악으로 감정을 표현하기

유대인 아이들은 대개 5~6세가 되면 음악을 배운다. 다양한 리듬과 박자로 구성된 음악을 들으면서 아이들은 감수성이 풍부해진다. 음악에 따라 따사로운 봄 풍경이 떠오르고, 폭풍우가 몰아치는 여름밤을 생각하기도 하고, 구름 위로 둥둥 떠다니는 느낌도 그릴 수 있다. 아이들은 음악을 통해 감정을 표현하고 상상하는 힘을 기른다. 세계적 테너 루치아노 파바로티는 "피아노 앞에서 실제로 노래를 부르는 것보다 음악을 보고 머릿속으로 그것을 그리는 경우가 더 많다."라고 밝히기도 했다.

예술에서 활용하는 상상력은 인문학뿐 아니라 과학, 기술 등 전 분야에 걸쳐 중요한 역할을 한다. 베스트셀러『생각의 탄생』의 저자 로버트, 미셸 루트번스타인 부부도 "예술은 21세기에 요구되는 창의적 상상력을 촉발한다."며 예술 교육의 중요성을 강조했다. 프랑스 물리학자 아르망 트루소는 이렇게 말했다.

"모든 과학은 예술에 닿아 있다. 모든 예술에는 과학적 측면이 있다. 최악의 과학자는 예술가가 아닌 과학자이며 최악의 예술가는 과학자가 아닌 예술가이다." 과학자에게도 상상력은 가히 숙명적이다.

4. 역할놀이

역할놀이 또한 상상력의 매개체다. 유대인 아이는 다양한 역할놀이를 통해 상상력을 기른다. 병원놀이나 부부놀이, 유치원 놀이 등을 통해 아이는 상상의 인물이 되고 상황을 만들어 낸다. 작은 보자기가 공주 옷이 되기도 하고, 양탄자가 되기도 한다. 아이는 역할놀이를 통해 연출자가 된다. 배역과 대본, 등장인물, 다양한 장치 등이 아이의 상상대로 생겨난다.

미셸 루트번스타인은 저서 『내 아이를 키우는 상상력의 힘』에서 어릴 때 '가상 놀이'의 중요성을 강조했다. 그는 "상상력과 창의력을 키워 주는 어린이의 놀이는 이성적 사고의 발달과 함께 일곱 살에서 열세 살 사이에 대부분 사라진다."는 연구결과를 내놨다.

"연구 집단에 따르면 세 살부터 여섯 살 사이(아동 초기)에 놀이를 시작하고, 절반 조금 넘는 숫자가 일곱 살부터 열두 살 사이(아동 중기)에 놀이를 시작한다. 열세 살 넘어서(아동 후기) 놀이를 시작한 숫자는 무시해도 좋을 정도다."

아이가 자신의 상상력을 키우며 정말 즐겁게 놀 수 있는 시간은 열살 전후. 이는 아이가 평생 갖고 살아야 할 상상력과 창의력이 열 살전후의 놀이로 만들어진다는 말과 같다. 이 시기에 학원을 전전하는 것은 평생의 상상력과 창의력을 영어, 수학과 같은 일부 지식과 맞바꾸는 셈이다.

또 하나, 아이의 상상력을 키우려면 너무 친절하게 이것저것 알려주지 말아야 한다. 미국 MIT공대 로라 슐츠 교수는 아이들에게 네 가지 기능을 가진 장난감을 주고 실험을 했다. 한 그룹에는 교사가 아이들에게 장난감 기능 중 한 가지를 설명해 주었고, 다른 그룹은 구체적 설명 없이 장난감을 쥐여줬다. 그 결과 설명을 들은 아이 중 상당수는 장난감의 네 가지 기능 중 설명을 들은 한 가지 기능만 파악해 냈다.

반면 설명 없이 장난감을 받은 아이들은 두, 세 가지 이상의 기능을 발견해낸 경우가 많았다. 아이들의 경우 가르침이 명확할 때 그 이상의 무엇을 상상하려 하지 않는다. 그렇기에 자세히 설명하는 교육이 반드시 바람직한 것은 아니라고 연구팀은 설명했다. 슐츠 교수는 이런 제안을 했다.

"'정답은 이것'이라고 가르치기보다 '이것도 맞지만 다른 여러 가능성이 있다'고 설명하면 아이들이 창의적 상상력을 기르는 데 도움이 된다."

아이들은 모두 무한한 상상력을 지니고 태어난다. 그렇게 저마다 자기가 만든 상상 속 동화 속에서 살아간다. 그러다 어른이 되면서 점점 현실을 마주하고, 상상력을 잃어버린다. 혹시 생활하면서 아이의 상상력을 죽이는 말이나 행동을 하는 것은 아닌지 돌아보자.

유대인 부모가 아이에게 가장 많이 하는 말 중에 "마따호세프(네 생각은 뭐니)?"가 있다. 유대인 부모는 아이에게 정해진 답을 요구하지 않는다. 아이에게 '왜 그렇게 생각하는지' 반드시 묻는다. 그리고 열린 질문으로 아이의 사고를 확장한다. "학교 재밌었니?", "친구들과 잘 지냈니?"와 같은 단답형 질문은 하지 않는다. 아이가 어떤 답을 하건 귀기울이고, 추임새를 넣고, 격려한다. 자연스럽게 아이의 상상력은 날개를 단다.

아이의 상상력에 맞장구치며 함께 느낌을 나누자. 책을 많이 읽도록 하자. 아이가 충분히 상상 근육을 키울 수 있도록 뛰놀게 하자. 아이의 상상은 미래의 현실이다. 현실을 바꾸는 상상의 힘을 쭉쭉 키워주자.

"세상을 변화시키기 위해 마법은 필요 없어요. 우리는 우리가 필요한 모든 힘을 우리 안에 이미 지니고 있죠. 우리는 더 상상을 잘할 수 있는 힘을 가지고 있어요."
  – 조앤 롤링,『해리 포터』작가

아이와 함께 실천해 보세요!

1. 책을 읽어 주면서 아이의 상상력을 자극해주세요.
2. 미술 놀이, 악기 등을 통해 예술적 상상력을 키우세요.
3. 아이에게 충분히 뛰어놀 시간을 주세요.

놀이를 통해
인재를 만든다

놀이는 아이의 사회성과 창의성을 기르는 최고의 도구다.
여러 놀이를 하며 자란 아이는 커서 세상이 두렵지 않다.

성우는 이른바 '영어 영재'다. '36개월 이전에 영어를 익히면 바이링구얼(Bilingual·이중 언어 구사자)이 된다'는 말을 믿고 성우 엄마는 영어 교재로 태교를 했다. 성우는 아기 때부터 영어에 노출되었고, 생후 18개월 때부턴 영어책을 봤다. 24개월부터는 영어 유치원을 다니며 한글보다 영어를 먼저 익혔다. 초등학교 3학년이 된 뒤로는 '영어 말하기 대회'에서 1등을 거의 놓치지 않았다. 그런데 초등학교 6학년이 되면서 부쩍 이상한 행동들을 보였다. 짜증이 늘고 친구들과 다투는 일이 많아졌다. 선생님이 혼내면 교실을 뛰쳐나가기도 했다. 성우의 상태는 점점 나빠졌고 급기야 아무것도 하지 않는 무기력증까지 나타났다.

성우의 뇌 검사 결과 '감정의 뇌'라고 불리는 대뇌변연계, 그중에도 편도체와 기저핵에서 이상이 발견됐다. 대뇌변연계가 손상되면 감정 조절이 미숙해지고 단기 기억에 어려움을 느낀다. 성우가 짜증을 내거나 소리를 지르고 쉽게 포기했던 것도 이 때문이었다. 아이들은 발달 단계에 맞는 적절한 자극 대신 과도한 자극, 즉 문자 학습에 노출되면 스트레스를 받는다. 그 결과 뇌에서 '코르티솔'이라는 스트레스 호르몬이 과다 분비되어 신경세포 발달을 억제한다. 문제는 이와 같은 아이들이 점점 늘어나고 있다는 것이다.

잠시 우리 부모 세대의 어린 시절을 떠올려보자. 무아지경 상태로 뛰놀다 보면 피곤함도 배고픔도 잊고 시간 가는 줄 몰랐다. 오직 노는 행위 자체에 흠뻑 몰입한 것이다. 〈몰입의 즐거움〉의 저자이자 심리학자 칙 마이어는 인간은 몰입상태에서 가장 큰 성취감을 맛보며, 놀라운 성과를 이룬다고 말한다. 그의 연구 결과에 따르면 몰입경험이 많을수록 집중력, 자부심, 희열, 적극성 등이 높게 나타났다. 돌아보면 우리는 그러한 몰입의 경험이 많았다.

지금 우리 아이들의 모습은 어떨까. 조기 외국어 교육 열풍에 영어뿐 아니라 중국어, 한자까지 그리고 산수, 독서 논술, 과학, 코딩까지…. 놀이터에서 노는 아이가 없어 친구를 만나러 학원에 가야 한다는 말도 나온다. 그야말로 '놀이의 종말'이다. 내 아이만 놀면 경쟁에서 뒤처질까 걱정하는 부모의 불안 때문에 아이들의 마음에 멍이 들고 있다.

잘 노는 아이가 성공한다

미국 신경학자 폴 맥클린 박사의 '삼위일체 뇌' 이론에 따르면 인간의 뇌는 생명 활동을 담당하는 '파충류의 뇌'(뇌간)와 감정·기억력을 담당하는 '감정의 뇌'(대뇌변연계), 지능·운동 능력을 담당하는 '생각하는 뇌'(대뇌피질 또는 신피질) 등으로 구성된다. 이 3가지 뇌는 차례대로 발달하는데 '감정의 뇌'는 만 12세까지 집중적으로 발달한다. 이때 나이에 맞지 않는 조기교육은 스트레스 호르몬을 분비시켜 뇌의 신경세포가 제대로 발달하지 못하게 가로막는다. 과도한 인지 교육은 정서 불안, 충동적 행동, 주의 산만, 창의성 발달 저하 등 심각한 문제를 일으킨다.

잘 노는 것이 힘이다. '뛰는 놈 위에 나는 놈 있고, 나는 놈 위에 노는 놈 있다'는 말이 그저 우스갯소리가 아니다. 놀이는 미래 인재가 갖춰야 할 역량을 쑥쑥 키워 준다. 이미 발 빠른 기업들은 '잘 노는 사람이 일도 잘한다'라는 슬로건 아래 '노는 인재'를 채용 중이다. 취업 포털에서 기업의 인사담당자를 대상으로 한 설문조사 결과 또한 10명 중 8명은 '잘 노는 인재'를 선호했다. '열정적일 것 같다', '다양한 경험으로 아이디어가 풍부할 것 같다'는 이유에서다. 근면성 하나로 열심히만 하면 성공하던 시대는 지났다. 이제는 새롭게 보고 생각해 내는 창의력, 다른 학문과의 융합을 이뤄낼 수 있는 소통, 협업 능력 등이 필수 불가결하다.

실제로 놀이는 창의력을 기르는 최고의 방법이다. 아이들은 똑같은 장난감을 매일 가지고 놀아도 싫증 내지 않고 다양한 방법으로 가지고 논다. 집에 버리려고 놔둔 박스를 가지고도 무언가를 만들면서 한참을 논다. 장난감이 없으면 아이들의 창의력은 더욱 발달한다. 나무

막대기, 길가에 돌멩이, 나뭇잎이 모두 아이들에게는 장난감이자 놀이 도구다. 유대인 부모는 값비싼 교구를 사지 않는다. 빈 병이나 박스, 거울 등 일상생활 용품을 놀이 소재로 활용한다. 버려진 자전거나 가전제품 등도 아이들이 가지고 놀기에 좋은 도구다.

"아이들은 모니터 앞에 앉아 있을 때나 전자완구를 갖고 놀 때보다 자유롭게 뛰어놀 때 더 많은 것을 배웁니다. 전문가가 제작한 물리학 교구 상자로 실험할 때보다 돌멩이를 만지고 던지면서 물리학에 대해 더 많은 것을 배울 수 있다고 생각합니다. 즉 숲에서, 정원에서 뛰어 노는 아이들이 틀에 짜인 장난감을 갖고 노는 아이들보다 더 많은 것을 배운다는 것입니다."

–하인쯔크롬홀쯔 박사, 독일 국립조기교육연구소

아이들은 또한 놀이를 통해 소통하고, 협업하는 능력을 기른다. 놀이는 아이의 사회성을 기르는 최고의 도구다. 놀이를 하면서 아이는 친구 사귀는 법부터 태도, 규칙, 역할 등을 자연스럽게 익힌다. 잘 노는 아이들은 대체로 정서가 원만하고 사회성이 좋다. 자기 조절력 또한 뛰어난 경우가 많다. 참을성이 없거나 분노 조절을 못 하는 것은 자기를 조절하는 힘이 부족해서다. 어려서부터 공동체 정신을 가르치는 유대인은 놀이를 통해 타인들과 소통하고 함께 어울려 사는 법을 가르친다.

아이들은 놀다가 분쟁이 생기면 자기들끼리 해결하기도 하고, 규칙을 정하기도 한다. 각자의 역할을 정하고, 함께 무언가를 하다 실패하면 다른 방법을 모색한다. 놀면서 창의력과 상상력뿐 아니라 문제 해결 능력, 협업하는 능력까지 키우는 것이다.

> "놀이를 통해 아이들은 스스로 결정을 내리고 자신의 행동을 통제하며 다른 사람들과 어울리는 것을 배웁니다. 따라서 놀이를 하면서 자란 아이는 무기력해지지 않고 문제를 해결하는 능력을 갖추게 되며 친구를 만드는 법도 알게 됩니다. 놀이하며 자란 아이는 어른이 되었을 때 세상을 두려워하지 않습니다."
> ─피터 그레이 교수, 미국 보스턴대학교 심리학과

놀이는 아이의 뇌를 발달시킨다

뇌 발달을 위해서도 놀이는 필수적이다. 뇌 발달은 아이의 집에 기초공사를 하는 것과 같다. 기초공사를 무시하고 쌓아 올린 집은 무너지게 마련이다. 전두엽은 비행장의 관제탑과 같은 역할을 하는 곳으로, 놀이는 전두엽을 발달시킨다. 전두엽은 스스로 계획하고, 통제하고, 인내하고 문제를 해결하는 모든 것을 관장하는 뇌다. 분노 조절, 문제 해결 능력 등이 모두 전두엽의 역할이다. 지속적인 스트레스를 받으면 전두엽이 발달하지 않는다. 전문가들은 지나친 학습을 강요하는 것은 아이의 전두엽 발달을 저해해 공부를 못 하는 아이로 만든다고 강조한다. 영어 단어 하나 더 외우는 것보다 전두엽을 발달시켜 주는 것이 더 중요하다는 이야기다.

노벨상에 이어 인공지능 시대까지 휩쓸고 있는 유대인은 초등학교에 입학하기 전까지는 글자와 숫자를 가르치지 않는다. 이스라엘 유치원에서는 아이들이 하루종일 마음껏 논다. 메하토 이스라엘 교육부 유아교육 담당관은 단언한다. "적절하지 않은 단계의 학습은 결코 아이들에게 하지 않습니다. 자리에 앉혀놓고 공부를 시키는 것은 아이의 성장수준에 맞지 않을 뿐더러 아무 의미가 없어요. 그런 과정에서 아이가 겪는 어려움과 좌절은 나중에 더 많은 문제점을 초래하게 됩니다."

놀이를 할 때는 아무 목적과 이유가 없어야 한다. 놀이가 놀이를 가장한 학습이어서는 안 된다는 말이다. 이런 경우 아이는 놀이를 부정적으로 인식하고 자발적으로 놀기를 거부한다. 놀 줄 모르는 아이가 된다.

우리나라 부모와 아이가 하는 놀이를 보면 정작 놀이가 아닌 경우가 참 많다. 비싼 교구를 사놓고는 아이가 자발적으로 가지고 놀지 않으면 부모는 조바심을 낸다. 급기야 부모는 아이를 앉혀 놓고 교구 놀이를 시작한다. "엄마랑 이 놀이 하자! 이거 정말 재미있는 거야. 이거 하면 정말 똑똑해진다던데!" 놀이는 아이가 하고 싶을 때 하는 것이다. 아무 목적과 이유 없이, 마냥 즐거워서 하는 것이어야 한다. 가짜 놀이와 진짜 놀이를 반드시 구별해야 한다.

유대인 부모는 만 7세 이전까지는 놀이와 체험으로 마음껏 뛰어놀면서 창의력과 사회성, 상상력 등을 키워 준다. 이들은 아이를 학원에 보내거나 학습지를 시키는 대신 아이와 함께 퍼즐이나 그림 맞추기, 찰흙놀이, 블록놀이 등을 즐긴다. 이러한 과정에서 아이와의 애착 관계도 자연스럽게 형성된다.

『탈무드』에는 "평생 가르치려면 어릴 때 맘껏 뛰어놀게 하라."는 가르침이 있다. 유대인은 평생 배움을 실천하는 민족이기에 어릴 때 조금 더 빨리 익히는 것은 의미가 없다고 생각한다. 중요한 것은 배움을 놀이처럼 즐기는 것이다. 이들은 아이가 놀아야 할 때 학습을 시키는 것이야말로 배움의 즐거움을 빼앗는 것이라 믿는다.

유대인 부모는 자녀를 대등한 인격체로 대하면서 함께 소통하고, 열심히 놀아 준다. 공놀이, 간지럼 피우기, 뒹굴기 등 다양한 놀이를 함께하면서 아이들과 적극적으로 놀아 준다. 특히 유대인 아버지는 가능한 한 일찍 퇴근해서 가족들과 시간 보내는 것을 중시한다. 함께 식사 준비를 하고 대화를 나누고, 침대에서 책을 읽어 주며 체온을 나눈다. 그러면서 아이들은 정서적 안정감을 느낀다. 아빠가 양육에 적극적으로 참여할 경우 아이의 사회성, 창의성 등이 좋아진다는 '아빠 효과'는 여러 연구에서 입증된 바 있다.

아이가 놀자고 조를 때까지 기다리지 말자. 아이에게 먼저 놀자고 졸라 보자. 아이는 친구에게 주저하지 않고 "나랑 같이 놀자!"라고 할 수 있는 용기를 갖게 된다. "얼음땡 할 사람 여기 붙어라!" 노래를 흥얼거리면서 놀이를 주도하게 된다. 아이의 리더십은 놀이에서부터 시작된다. 너무 피곤해 놀기 힘든 날에는 상황 설명과 함께 아이에게 양해를 구한다. 아이 입장에서 부모가 핑계를 댄다는 생각이 들면 부모로부터 거절당하는 느낌을 받는다. 이런 경험이 반복되면 아이는 다른 사람들에게도 선뜻 다가서지 못하게 되니 주의한다.

놀이는 본능이다. 인간의 문명이 발달한 이유도 놀이가 있었기 때문이다. 놀이Play의 어원은 갈증이라는 뜻의 라틴어 '플라가Plaga'에서 유래했다. 물을 안 마시면 목이 마른 것처럼 찾게 되는 행동이란 의미다. 아이들의 타는 목을 흠뻑 적셔 주어야 한다. 갈증을 시원하게 풀어 주어야 한다.

아이에게 놀이는 선택이 아니라 필수다. 놀이를 통해 아이는 '세상의 축소판'을 미리 경험하고, 창의력과 상상력, 몰입력을 키운다. 그뿐 아니라 문제해결능력과 비판적 사고, 소통과 협업하는 능력까지 기른다. 자녀교육에 열과 성을 다하는 유대인이 왜 그토록 아이의 놀이에 정성을 쏟는지 생각해 볼 필요가 있다.

유대인 부모는 자녀를 긴 호흡으로 바라본다. 이제 아이들에게 놀이를 되돌려줘야 할 때다. 거기에 우리 아이, 우리 사회의 미래가 달려 있다.

아이와 함께 실천해 보세요!

1. 일상생활에서 쓰는 냄비, 주걱, 박스 등 생활용품들을 놀이 도구로 사용해 보세요.
2. '학습 의도'가 있는 놀이를 하지 마세요.
3. 아이에게 '먼저 놀자'고 하면서 진심을 다해 놀아 주세요.

질문을 두려워하면
잘 배울 수 없다

과거의 리더가 말하는 리더라면 미래의 리더는 질문하는 리더다.
질문은 생각의 뿌리다. 마음껏 질문하게 하라.

지난 2010년 11월 G20 폐막식. 서울에서 개최된 이 행사의 마지막 날, 버락 오바마 전 대통령은 연설을 마친 뒤 기자들에게 질문 기회를 주었다. "한국 기자들에게 질문 기회를 드리고 싶군요. 정말 훌륭한 개최국 역할을 해주셨습니다. 질문 없나요?" 그 순간 기자회견장에는 정적이 흘렀다. 오바마가 다시 말했다. "한국어로 질문하면 아마도 통역이 필요할 겁니다. 사실 통역이 꼭 필요할 겁니다."

청중이 웃음을 터뜨리는 가운데 한 기자가 손을 들었다. "실망을 드려서 죄송하지만 저는 중국 기자입니다. 제가 아시아를 대표해서 질문을 던져도 될까요?" 오바마는 그의 말을 자르고 "저는 한국 기자에게 질문을 요청했다"며 다시 기회를 주었다. 결국 아무도 손을 들지 않았고, 질문 기회는 중국 기자에게 넘어갔다. 이는 질문하지 않는, 아니 못하는 우리 사회의 단면을 여실히 보여 준 장면으로 두고두고 회자되고 있다.

우리는 수많은 질문을 가지고 태어난다. 끊임없이 이건 뭐고, 저건 뭐냐고 묻고, 말끝마다 "왜?"라고 묻던 시절이 있었다. 아이들의 질문은 당당하고 거침이 없다. 2017년 서울대 국어교육연구소에서 발표한 자료에 따르면, 초등학교 때까지만 하더라도 주간 4회 이상 질문자가 55% 정도를 유지했다. 그러다 중학교를 거쳐 고등학교에 이르면 30%가 채 안 되는 비율을 보인다. 더 많이 알고, 배운 어른들은 질문하기를 두려워하며 "이게 맞는 질문인지 모르겠는데…"라며 운을 뗀다.

최진석 서강대학교 철학과 명예교수는 우리가 질문을 못 하는 이유에 대해 이런 대답을 내놓았다.

"우리가 질문에 조심스러운 이유는 스스로 한 번도 기준의 생산자, 기준의 창조자가 되지 못하고 항상 외부 기준을 자기 기준으로 삼아 사는 것이 습관이 되었기 때문이다. 자신의 주인으로 산다는 것은 기준의 수행자가 아니라 기준의 생산자가 된다는 것이다. 인류 역사상 모든 창조적인 것은 다 엉뚱한 질문에서 탄생했다." 우리가 늘 타인의 기준에 맞춰 살다 보니 지극히 개인적일 수밖에 없는 호기심조차 옳고 그름을 따지고 있다는 얘기다. 나를 기준으로 호기심을 채우는 질문을 할 때 다양한 답이 존재할 수 있다. 그 답을 찾아내는 과정에서 창의력이 샘솟는다.

어려서부터 질문하는 습관을 들인다

전 세계적으로 가장 질문이 많은 민족이 유대인이다. 때로는 상대방이 무례하다고 느낄 정도로 집요하게 질문한다. 기존의 권위나 지식에도 늘 물음표를 단다. 이들에게 당연히 그런 것이라는 대답은 통하지 않는다.

'질문의 힘'을 아는 유대인은 아이들이 어려서부터 질문하는 분위기를 만든다. 유대인 부모들은 아이가 학교에서 돌아오면 "오늘은 선생님에게 무엇을 질문했니?"라고 물을 정도다. "선생님 말씀 잘 들어라.", "선생님께 뭘 배웠니?" 우리는 이렇게 수동적으로 듣는 것에 익숙한 데 반해 유대인은 능동적으로 질문해야 직성이 풀린다. 흔히들 창의력은 고정관념으로부터의 탈출에서 비롯된다고 한다. 유대인은 질문을 통해 고정관념에서 벗어난다.

항상 의문을 갖고 비판적으로 사고하는 과정에서 기존의 것과 다른, 새로운, 창의적인 아이디어가 나온다. 뉴턴은 떨어지는 사과를 보고 '왜?'라는 질문을 던졌다. 모두가 당연하다 생각했던 것에 의문을 품고 만유인력이라는 답을 찾아냈다. 과학사에 큰 획은 질문으로부터 시작됐다. 질문을 중시하는 유대인은 가르치는 사람의 자세가 중요하다고 생각한다. 『탈무드』에서는 교사의 자세에 대해 이렇게 이른다. "교사는 혼자만 알고 떠들어서는 안 된다. 만약 아이가 듣기만 한다면 가르치는 것이 아니라 앵무새를 키우는 것일 뿐이다. 교사가 이야기하면 학생은 거기에 대해 질문해야 한다." 질문을 두려워하면 잘 배울 수 없다. 혁신과 창조적 생각 또한 불가능하다.

유대인 부모는 아이에게 끊임없이 "왜?"라고 질문하면서 생각을 유도한다. 눈여겨볼 점은, 아이가 아주 엉뚱하고 말도 안 되는 질문을 해도 유대인 부모는 귀담아듣고 적극적으로 반응한다. 그래야 아이가 질문하는 데 자신감을 잃지 않고, 질문하는 습관이 길러지기 때문이다. 또 하나, 유대인 부모는 아이의 질문에 바로 답해 주지 않는다. "마따호쉐프?(네 생각은 어때)"라고 되묻는 과정을 통해 아이 스스로 생각하도록 만든다. 아이는 자신의 질문에 대해 답을 구하면서 주도적으로 생각하는 힘을 기른다.

좋은 질문은 생각의 스위치를 켠다. 미처 생각지 못했던 것들을 생각하게끔 만든다. 아인슈타인은 이렇게 말했다.

"질문이 정답보다 중요하다. 곧 죽을 상황에 처했고, 목숨을 구할 방법을 단 한 시간 안에 찾아야만 한다면, 한 시간 중 55분은 올바른 질문을 찾는 데 사용하겠다. 올바른 질문을 찾고 나면 정답을 찾는 데는 5분도 걸리지 않을 것이다." 페이스북 창업자 마크 저커버그도 늘 질문한다. "이 아이디어가 우리를 성장하게 하는가?" 페이스북 직원들은 항상 이 질문을 머릿속에 두고 일을 한다. 질문은 생각의 스위치를 켜게 한 다음 스스로 답을 찾도록 이끈다.

유대인 부모 사이에서 태어난 미래학자 유발 하라리는 "모든 생각의 뿌리에 질문이 있다."고 말한다. 방대한 자료를 분석해 책을 쓸 때도, 대학에서 강의할 때도 그는 스스로에게 질문한다. '학생들이 이걸 이해할 수 있을까.' 하라리는 스스로 묻고 10대가 이해할 수 있을 만큼 쉽게 답할 수 있을 때까지 생각한다. 제대로 아는 사람일수록 설명이 쉽고 간결하다. "자본주의에 대한 내 강의를 학생들이 잘 이해하지 못한다면 스스로 그 주제에 관해 생각을 좀 더 열심히 할 필요가 있다고 반성한다. 결국 모든 생각의 뿌리에는 질문이 있다." 좋은 질문이 좋은 답을 낳는다는 유대 격언이 있다. 좋은 질문은 질문을 받는 대상이 미처 생각하지 못했던 지점까지 사유를 확장한다.

질문을 잘하는 법 1. 질문하는 훈련이 필요하다

질문하는 것도 꾸준한 훈련이 필요하다. 피아노를 칠 때 악보를 보는 연습을 하듯, 근육을 단련하듯, 질문도 마찬가지다. 많이 해봐야 잘하게 된다.

질문을 잘하는 법 2. 먼저 잘 들어야 한다

질문을 잘하기 위해선 먼저 잘 들어야 한다. 토크쇼의 여왕 오프라 윈프리가 한 시간 프로그램 동안 말하는 시간은 고작 10여 분이다. 듣는 데 80%, 말하는 데 20%를 할애한다.

질문을 잘하는 법 3. 아는 만큼 질문이 생긴다

질문을 잘하려면 많이 알아야 한다. 폭넓은 독서와 상대방에 대한 이해와 공감은 필수다. 질문은 아는 만큼 잘할 수 있다. 질문을 보면 질문하는 사람이 어느 정도 알고 있는지 가늠할 수 있다. 유대인 학교에서는 질문을 잘하는 학생이 리더가 된다.

유대인은 문답식 교육을 통해 잘 듣는 훈련과 제대로 말하는 것을 가르친다. 이 과정에서 유대인 아이들은 주제에 대한 본질과 핵심을 파악하는 능력을 키운다. 그리고 주제에 대한 자신의 의견이나 문제의식을 논리적으로 생각하고 정리한다. 이것이 훈련을 통해 습관화되고 발전하면 자기들의 의사를 명확히 표현하는 방법을 자연스레 터득하게 된다. 질문과 대화, 나아가 토론을 통한 지식과 지혜가 쌓이면서 사고가 확장되고 통찰력이 생긴다. 질문과 답을 해나가는 과정에서 창의력과 생각하는 힘 또한 길러진다.

'현대 경영학의 아버지' 피터 드러커에 따르면 "과거의 리더는 말하는 리더였지만 미래의 리더는 질문하는 리더가 될 것"이라고 했다. 세계 최고의 과학기술 전문잡지 《와이어드》의 창간자이자 편집장 케빈 켈리의 말도 의미심장하다.

"이제는 인공지능 컴퓨터가 단시간에 답을 찾아낼 것이다. 사람이 할 일은 질문하는 것이다. 질문으로 창조적 가치를 끌어낼 수 있는 인간의 능력이 중요하다."

우리 아이들이 살아갈 시대는 예측이 불가능하다. 확실한 것은 앞으로의 기술 혁신은 지난 5년, 10년과는 비교할 수 없을 만큼 빠르게 진행될 것이란 사실이다. 대학 졸업장으로 평생 먹고 살 수 있는 시대는 지났다. 단순한 지식은 이제 모두 스마트폰 하나면 해결되는 세상이다. 앞으로 사람이 하는 일은 질문하는 것이다. 사람만이 할 수 있는 '질문력'을 가져야 한다. 질문으로부터 스스로 생각하는 힘을 길러야 한다.

"질문 있나요?"란 질문에 더 이상 적막이 흘러서는 안 될 일이다. 수동적으로 듣고, 받아들이고 그대로 모방해서는 경쟁력이 없다. 창의성이 시대 화두다. 나만의 호기심에서 나온 질문에서 창의성이 발현된다. 꼬리에 꼬리를 문 질문을 거쳐 깊은 사고력과 통찰력을 얻게 된다. 문답식 교육을 고집하는 유대인이 각 분야에서 두각을 나타내는 것은 우연이 아니다.

우리는 먼저 경직된 분위기부터 바꿔야 한다. 우선 가정에서부터 질문을 마음껏 던지고 주고받자. 아무 질문이나 할 수 있는 분위기를 만들어 주자. 언제, 어디서, 누구에게나 질문할 수 있는 아이로 키우자. 호기심을 갖고 질문하는 아이가 더 잘 배울 수 있다. 자기만의 생각으로 창의적이고 혁신적인 아이디어를 낼 수 있다. 생각은 물음표에서 시작해 느낌표로 끝난다. 지금부터 아이에게 묻자.

"네 생각은 어때?"

"왜 그렇게 생각하니?"

아이의 생각에 물음표를 달아 주자. 질문은 생각의 뿌리다.

아이와 함께 실천해 보세요!

1. "학교에서 무엇을 질문했니?"라고 물어보세요.
2. 아이가 어떤 질문을 해도 경청하고 "너는 어떻게 생각해?"라고 물어보세요.
3. 스스로 묻고 답하면서 생각하는 법을 알려 주세요.

자신의 미래를
스스로 그리게 하라

유대인 부모는 아이마다 태어날 때부터 가지고 있는 재능이 있다고 믿는다.
하나님이 아이에게 내린 재능을 발견하고 키워주는 것을 부모의 의무라 여긴다.

"엄마는 우리 아들이 의사가 됐으면 너무 좋겠다."

"우리 딸은 아빠처럼 판사 돼야지."

주변에서 흔히 볼 수 있는 장면이다. 이렇게 아이 인생에 청사진을 그려주는 부모는 다양한 방법을 통해 아이를 통제한다. 부모가 원하는 미래상을 제시하고, 이를 성취하기 위한 갖은 지원을 아끼지 않는다. 아이가 잘 따라오지 않으면 채찍과 당근을 적절히 써서 아이를 끌고 간다. 아이를 위해 그 어떤 희생도 아끼지 않는다. 아이도 그것을 알기에 부모의 기대를 저버리기 힘들다. 문제는 부모가 원하는 직업이 자녀 능력의 한계에 부딪히거나 일치하지 않을 때다. 대개 이런 문제는 시간이 꽤 흐른 뒤 발생해 바로잡기가 어렵다. 자기가 무엇을 좋아하는지, 무엇을 하고 싶은지, 어떻게 되고 싶은지 모른 채 어른이 되는 것이다.

실제로 서른이 되어서도 무엇을 원하는지 모르겠다는 사람이 의외로 많다. 어려서부터 인생의 궤도를 스스로 그려볼 경험을 갖지 못해서다. 『성공하는 사람들의 7가지 습관』의 저자로 유명한 스티븐 코비와 함께 커리어 가이드를 지은 딕 볼레스는 이렇게 말했다.

"대부분의 사람이 꿈의 직업을 찾기에 실패하는 것은 직업에 대한 정보 부족이 아니라 자기 자신에 대한 정보 부족 때문이다. 꿈의 직업은 발견하는 것이 아니라, 창조하는 것이다. 따라서 사회적 통념이나 전통적인 조사방법에 의지해서는 결코 자신이 원하는 답을 손에 넣을 수 없다. 꿈의 직업을 창조하고 싶다면 무엇보다 나에 대해 확실하게 알아야 한다." 가장 기본은 자신에 대해 잘 아는 것이란 얘기다.

유대인 부모는 아이마다 태어날 때부터 가지고 있는 재능(달란트)이 있다고 믿는다. 이들은 하나님이 아이에게 내린 재능을 발견하고 키워주는 것을 부모의 의무라 여긴다. 유대인에게 자녀교육은 하나님에 대한 첫 번째 의무다.

유대교는 신이 세상을 불완전한 상태로 창조했기에, 인간이 더 나은 세상을 만들어야 한다는 '티쿤 올람(더 나은 세상을 만든다)' 사상을 갖고 있다. 유대인 부모는 세상을 이롭게 만드는 데 일조할 '세상의 일꾼'을 키운다는 사명감으로 자녀를 키운다. 그 때문에 아이가 무엇을 좋아하는지, 무엇을 잘하는지 찾아내기 위해 굉장한 노력을 기울인다. 아이와 많은 시간을 보내면서 대화를 나누고, 가능한 한 아이가 다양한 경험을 할 수 있게 기회를 제공한다.

인류 역사상 가장 짧은 기간에 억만장자가 된 마크 저커버그의 뒤에도 그의 재능을 알아보고, 지원을 아끼지 않은 부모가 있었다. 저커버그는 뉴욕의 부유한 집안에서 태어났다. 치과 의사인 아버지는 컴퓨터 마니아였다. 그는 저커버그가 아홉 살 때 컴퓨터 프로그램을 직접 가르쳤다. 저커버그는 놀랍도록 빠르게 배웠다. 그는 아버지를 위해 '저크넷Zucknet'이라 부르는 사무용 메신저를 만들었다. 당시 1층은 아버지의 진료실, 2층은 가정집이었는데, 집 안의 컴퓨터 네트워크를 이용해 서로 메시지를 주고받을 수 있도록 한 소프트웨어였다. 저커버그의 재능을 알아본 아버지는 소프트웨어 개발자를 불러 과외를 받도록 해주었다.

마크 저커버그의 아버지는 언젠가 뉴욕주의 라디오 방송국과의 인터뷰에서 이렇게 밝혔다.

"아이의 삶을 어느 특정 방향으로 이끌지 않았어요. 아이가 무엇을 잘하는지, 좋아하는지를 파악하고 도움을 주는 것이 부모의 역할이라고 생각합니다. 아이들의 열정을 지지해 주세요." 아들이 세계 최고 대학인 하버드대학교를 중퇴한다고 했을 때 부모라면 그 부모의 마음이 어떠했을지 이해가 갈 것이다. 그렇지만 아버지는 아들의 의견을 존중했기에 격려를 아끼지 않았다.

좋아하는 것을 스스로 찾게 하라

한 분야에서 일가를 이룬 이들의 공통점이 있다. 바로 자기가 하는 일을 정말 좋아한다는 것이다. 좋아하는 일은 하면 할수록 에너지가 생긴다. 밥도 안 먹고, 잠을 안 자고도 힘든 줄 모른다. 무섭게 몰입한다. 아이가 그런 '꿈의 직업'을 찾을 수 있도록 도와주는 것보다 값진 선물은 없다. 아이가 좋아하는 것을 스스로 탐색하고, 자기의 길을 개척해야 하는 이유다.

유대인 부모는 자녀에게 미래에 어떤 직업을 가지는 것이 좋겠다는 바람이나 기대를 나타내지 않는다. 아이가 좋아하고, 잘할 수 있는 일을 하는 것이 무엇보다 중요하다고 생각하기 때문이다. "하고 싶은 일에 대해서는 후회 없이 노력하고, 최선을 다하라."고 가르친다. 아이가 좋아하는 것을 존중해 주고, 지원해주면 아이는 그만큼 책임감을 느끼고 열심히 노력한다.

구글의 창업자 래리 페이지는 어릴 때 발명가를 꿈꿨다. 미시건주립대학교 컴퓨터공학과 교수였던 그의 아버지는 어린 아들을 데리고 미국 전역의 컨퍼런스, 박람회 등을 쫓아다녔다. 한 번은 그의 아버지가 로봇 공학 컨퍼런스에 가기 위해 온 가족을 데리고 미국을 횡단했을 때의 일이다. 학회에서는 래리 페이지가 너무 어려 입장할 수 없다고 했다. 래리 페이지는 이렇게 회상했다. "아버지가 평소 그런 성격이 아니신데 누군가와 언쟁을 높이셨어요. 그 학회에 어린 아들이 꼭 참석할 수 있기를 바라셨던거죠. 덕분에 저는 로봇 학회를 구경할 수 있었어요." 아버지는 또 아들이 관심가지면 좋을만한 유명한 사람들과 만나는 경험을 갖도록 적극적으로 도와주었다. 훗날 래리 페이지는 "어릴 적 다양한 경험들로 인해 더 많은 가능성을 꿈꿀 수 있었다"며 아버지에 대한 고마움을 전했다.

자녀를 대등한 인격체로 대하면서 의사를 존중하고, 원하는 일을 잘할 수 있도록 돕는 것. 그러고는 자녀의 선택을 믿고 기다려 주는 것. 그것이 유대인 부모의 교육 철학이다.

일은 단순히 돈을 버는 수단이 아니다. 사람은 일을 통해 성취감을 느끼고 발전해 간다. 아이가 일을 통해 행복한 삶을 누리길 바란다면 아이 스스로 미래를 계획하도록 도와야 한다. 아이의 꿈이 다소 걱정되거나 실망스럽더라도 아이의 꿈을 믿고 끝까지 지지하겠다는 마음 자세가 필요하다. 꿈이 없다는 아이에게는 왜 꿈이 없냐고 다그치기 전에 마음껏 꿈꿀 수 있는 환경을 주었는지 한 번 돌아보자. 부모라면 마음껏 꿈을 펼치는 아이를 그 누구보다 응원하는 열렬한 치어리더가 돼야 한다.

"진정으로 만족하는 유일한 길은 당신이 위대한 일이라고 믿는 일을 하는 것이다. 위대한 일을 하는 유일한 길은 당신이 사랑하는 일을 하는 것이다. 사랑하는 사람을 찾듯, 사랑하는 일을 찾아라."
-스티브 잡스

아이와 함께 실천해 보세요!
1. 아이의 재능이 어디에 있는지 잘 관찰하세요.
2. 아이에게 가능한 한 많은 것을 보여 주고 경험하게 하세요.
3. 아이의 꿈을 끝까지 믿고 지지해주세요.

온 가족이 모여 앉은 식사 자리는
단순히 밥 한 끼 하는 것이 아니라 영혼을 살찌우는 시간이다.

AI 시대에
꼭 필요한 능력

- 유대인 인성 교육 -

유대인 부모는 아이에게 다른 사람을 돕고 배려하는 마음, 친절한 태도를 강조하고, 타인의 성취를 함께 기뻐해주는 아이로 키웁니다. 아울러 남에게 선행을 베풀면 그것이 공동체, 나아가 세상을 이롭게 하고, 결국 자신을 이롭게 한다고 가르칩니다.

 사실 최근까지도 인성은 대학입시나 기업 채용에서 중요한 평가요소가 아니었지만 앞으로 다가올 사회에선 스펙보다 협업과 공감, 예절과 같은 인성 역량이 대세가 될 전망이에요. 옳고 그름을 판별하고 타인에게 공감할 줄 아는 인성 역량은 AI가 할 수 없는 인간 고유의 것이기 때문에 더욱 강조될 수밖에 없습니다. 앞으로 인성은 '있으면 좋고 없으면 말고'의 덕목이 아니라 AI 시대에 더욱 중요한 자질로 꼽힙니다. AI와 건전한 협력·공생관계를 유지하기 위한 길입니다.

유대인은 자녀를
'멘쉬'로 기른다

혼자 성공할 수 있는 시대는 지났다.
서로 협력하는 태도가 중요하다. 이제 인성도 미래 인재 역량이다.

자녀교육을 중시하는 유대인 부모는 자녀가 어떻게 성장하길 바랄까. 그들이 꼽는 자녀의 이상향이 있다. 바로 '멘쉬mensch'다. 『공부하는 유대인』을 쓴 힐 마골린은 멘쉬를 이렇게 설명한다.

"멘쉬는 타인과의 관계에서 정직하고 반듯해 주위로부터 신뢰를 받는 사람이다. 어려운 이들을 도우면서 행복을 느끼고 자신을 돌아보는 사람, 어렵더라도 올바른 일을 하면서 정직하게 살아가는 사람이다. 또 '멘쉬'는 자신이 갖고 있는 지식과 시간, 돈 등을 사회에 기꺼이 내놓음으로써 타인에게 이로움이 되는 행동을 한다."

멘쉬를 한마디로 잘라 정의하긴 어렵지만 훌륭한 인성을 갖고, 옳은 일을 행하며, 세상에 선한 영향력을 끼치는 사람을 일컫는다. 힐 마골린은 아들이 일하는 직장의 사장 앨버트를 진정한 '멘쉬'의 예로 들었다. 앨버트는 유대교 회당에서 주방 일을 도맡아 하며 출장 요리 사업을 운영하고 있다. 그는 직원들에게 언성 한 번 높이지 않고 직원 들을 존중하고 배려한다. 어려운 사람들이 회당 주방에 음식을 얻으 러 오면 친절히 음식을 내어준다. 이러한 성품을 가진 '멘쉬'를 우리 말로 하자면 인품이 훌륭한 사람 정도로 표현할 수 있다.

인성은 더불어 사는 능력

유대인 부모는 자녀가 어릴 때부터 인성 교육에 힘쓴다. 다른 사람 에게 친절하고 사려 깊으며 공감과 협동을 잘하는 태도를 강조한다. 이타적이고 겸손하며 믿음직스러워 사람들로부터 완전한 신뢰와 인 정을 받도록 가르친다. 자녀를 이렇게 가르치는 유대인 부모 또한 이 러한 '멘쉬'의 삶을 지향한다. 유대인들 사이에서 들을 수 있는 가장 나쁜 표현은 "저 사람은 멘쉬가 아니야!"라는 말이다.

공동체 정신을 중시하는 유대인에게 인성은 더불어 사는 능력이다. 유대교에서는 하나님과의 관계를 유지하는 것보다 사람들과의 관계 를 어떻게 잘 유지할 것인지를 더욱 중요하게 다룬다. 그만큼 더불어 사는 것을 중요시한다. 그렇기에 부모는 아이에게 올바른 품성을 길 러 주기 위해 쉼 없이 고민한다. 유대인 캠프나 이스라엘 키부츠 합숙 교육과 같은 단체생활에서도 인성 교육을 중심으로 공동체 정신을 가 르친다. 홍익희 교수의 『13세에 완성되는 유대인 자녀교육』에서는 뉴욕 예시바대학교 교수인 랍비 도닌의 유대인이 갖춰야 할 12가지 성품을 다음과 같이 소개하고 있다.

1. 예의바름(courtesy)

2. 정직(honesty)

3. 완전(integrity)

4. 진실(truthfulness)

5. 침착성 유지(even-temperedness)

6. 깔끔한 언행(clean speech)

7. 용기(courage)

8. 친절(kindness)

9. 인내(patience)

10. 수양(self-discipline)

11. 겸손(modesty)

12. 책임감(a sense of responsibility)

인간은 홀로 살아갈 수 없다. 다양한 사람들과 더불어 살아가는 사회에서 인성은 중요할 수밖에 없다. 과거에는 혼자 열심히 공부해도 성공할 수 있었다. 그러나 이제는 집단지성 시대다. 세상을 바꾸는 혁신적 창의성은 한 명의 천재가 아니라 전문지식을 가진 다양한 사람들의 협업에서 나온다. 구글, 마이크로소프트, 페이스북 등 세계적 창업자들 모두 팀을 이뤄 일했다. 그만큼 타인과 더불어 사는 능력, 인성은 인재의 필수 역량으로 떠올랐다. 앞으로는 '함께 일하고(공부하고)

싶은 사람'이 되는 것이 가치 창출, 나아가 자본과 직결된다. 인공지능이 인간의 영역에 깊숙이 스며들수록 인간 본연의 성품인 인성은 더욱 중요해진다. 인성은 타고나는 것이 아니라 오래 갈고닦아야 한다. 그렇기에 능력이고 실력이다. 인성 교육은 이제 선택이 아닌 필수다.

유대인 부모가 인성만큼이나 강조하는 것이 선행이다. '선한 행위'를 뜻하는 '마아시 토빔'은 유대교의 기본원리다. 비슷한 표현으로는 '거밀루트 카시딤', 즉 '친절한 행동'이 있다. 유대인은 세상을 이롭게 만드는 것을 그들의 의무라 생각하고 이를 실천한다. 유대교에서는 행함이 없는 믿음은 믿음이라 여기지 않는다. 유대인 부모는 자녀가 율법을 체화하도록 선행과 친절을 가르치고, 또 솔선수범한다. 이렇게 유대인은 '멘쉬'로 길러진다.

랍비 힐 마골린과 그의 아내는 도움이 필요한 사람을 위해 차에 지폐 몇 장을 갖고 다닌다. 딸 릴리는 지역 사회의 봉사활동을 하고 정기적으로 헌혈을 하며 형편상 공부를 하지 못한 이들을 위해 중학교 교과과정을 만들었다. 그의 아들도 이해타산을 따지지 않고 자신의 시간과 능력을 투자해 주변 사람들을 돕는다. 이들은 이 모든 일이 단지 옳은 일이기 때문에 하는 것이라고 말한다. 힐은 두 명의 '멘쉬'를 길러낸 것에 큰 자부심을 느낀다. 생활 속에서 선행을 실천하고 그 중요성과 가치를 깨닫도록 하는 것, 이것이 유대인 교육이다.

유대인 부모는 "네가 베푼 조그만 친절로 인해 그 사람이 새로운 삶을 살 수 있게 된다."는 이야기를 반복해서 들려준다. 이 가르침에 따라 유대인 아이들은 '나는 누군가의 삶을 변화시키기 위해 어떤 일을,

어떤 말을 할 수 있을까?'란 생각을 마음속에 새기고 살아간다.

특히 유대인 부모는 친절을 베풀 때도 친절을 받는 사람이 부끄럽거나 창피하지 않도록 배려해야 한다고 가르친다. 그만큼 세심한 배려를 강조한다.

친절과 행복의 상관관계

유대인은 선행을 베풀면 그만큼 지혜 있는 사람으로 성장해 가는 것이라고 생각한다. 선행은 다른 사람을 이롭게 하고 나아가 나 자신을 이롭게 한다. 베푸는 게 행복이라고 말하는 사람들은 다른 사람을 도와주면 행복감을 느끼는 '헬퍼스 하이helpers high'를 경험한다. 실제로 옥스퍼드대학교 연구팀이 '친절과 행복의 상관관계'에 대해 연구한 결과, 선행을 하면 행복해진다는 것이 입증됐다. 연구를 담당한 올리버 스캇 커리 박사는 이렇게 말했다.

"인간은 사회적 동물이기에 가족, 친구, 동료, 이웃, 심지어 낯선 사람들까지 돕는 친절한 행동으로 행복을 느낀다. 이 연구를 통해 사람은 도움이 필요한 다른 사람을 도움으로써 만족감을 느끼는 것을 확인할 수 있었다. 또 친절은 사람과의 관계를 유지하는 데 좋은 방법이 된다."

'마더 테레사 효과'라 불리는 하버드대학교 실험에서는 수녀의 헌신적 모습이 담긴 영상을 보는 것만으로도 면역항체 수치가 증가한 연구결과가 나왔다. 마더 테레사 효과를 증명하는 실험들은 이 밖에도 해외 곳곳에서 시행되었다.

미국의 한 의과대학교 연구팀 연구결과, 알코올 중독자가 치료될 확률은 22%였는데 자원봉사 활동을 병행했더니 치료 확률이 40%까지 올랐다. 또 미국의 한 대학교수인 스테파니 브라운 박사는 5년간 432쌍의 장수 부부를 조사한 결과 조사 대상 여성 72%와 남성 75%에게서 봉사활동을 한다는 공통점을 발견했다. 그는 "남을 위해 나누고 베푸는 사람은 그렇지 않은 사람보다 오래 살 확률이 두 배는 높다"고 결론 내렸다.

유대인은 어려서부터 인성 교육을 통해 더불어 사는 능력을 기른다. 그리고 세상을 이롭게 하는 선한 행동을 강조함으로써 진정한 '멘쉬'를 길러낸다. 이렇게 길러진 '멘쉬'는 서로 배려하고 도우면서 그 어떤 민족보다 끈끈하고 견고한 유대인 공동체를 만들어 가고 있다. 유대인은 남에게 선행을 베풀면 그것이 공동체, 나아가 세상을 이롭게 하고, 결국 자신을 이롭게 한다는 진리를 자녀에게 가르친다.

더불어 사는 세상이다. 다른 사람을 돕고 배려하는 마음, 친절한 태도를 아이에게 가르쳐 주자. 이것이야말로 아이가 사람을 얻고, 부와 성공을 얻을 수 있도록 밑거름을 뿌려 주는 것이다. 주변을 돌아보면 도움이 필요한 이들이 많다. 무심코 지나치기 쉬운 이들에게 친절을 베푸는 훈련부터 시작할 수 있다. 세상을 이롭게 하는 데 보탬이 되라는 가르침은 아이의 삶에서 흔들리지 않는 이정표가 되어줄 것이다.

최고 정원사는 나무가 어릴 때부터 기르고자 하는 모양으로 가지를 친다. 똑바로 자라도록 부목을 덧대고, 중심이 맞도록 밧줄로 꽁꽁 동여맨다. 그리고 물과 거름이 필요할 때 적절히 공급하며 하루하루 심혈을 다해 정원을 가꾼다. 아이들의 인성 교육도 마찬가지다. 어릴 때 가정에서부터 잘 이뤄져야 한다. 인성 교육의 첫걸음은 가정에서 부모와의 간단한 일상 대화로부터 시작된다. 무엇보다 최고의 교육은 부모의 솔선수범이다.

과연 나는 '멘쉬'로서 살아가는지 자문해 보자. 그리고 아이와 함께 우리 가족이 추구하는 '멘쉬'의 가치를 정해 보자. 유명한 대학에 가고 대기업에 들어가는 것을 목표로 삼기 전에 어떤 인간상으로 살아가고 싶은지를 물어야 할 때다.

> 아이와 함께 실천해 보세요!
>
> 1. 어떤 사람이 되고 싶은지, 아이와 대화를 나눠 보세요.
> 2. 자원봉사를 통해 아이가 선행의 기쁨을 알게 해주세요.
> 3. 아이와 '멘쉬'가 추구하는 가치를 정하고, 함께 실천해 보세요.

맥아더 장군의 '자녀를 위한 기도' 중에서

내 아이가 이런 사람이 되게 하소서.
마음이 깨끗하고 높은 이상理想을 품은 사람,
남들을 다스리기 전에 먼저 자신을 다스리는 사람,
웃을 줄 알면서도 우는 법을 결코 잊지 않는 사람,
미래를 향해 전진하면서도
과거를 결코 잊지 않는 사람이 되게 하소서.

이 모든 것들 외에 그에게 유머 감각을 주소서.
그리하면 항상 진지하면서도
결코 지나치게 심각해지지는 않을 것입니다.

그에게 겸손을 가르쳐 주소서.
그리하면 진정한 위대함은 소박하며,
진정한 지혜는 열려 있으며,
진정한 힘은 너그럽다는 것을
언제나 기억할 것입니다.

그 애가 이런 사람이 되었을 때
저는 감히 그에게 속삭일 것입니다.
내가 인생을 결코 헛되이 살지 않았노라고.

형제끼리도
절대 비교하지 않는다

비교는 불안한 마음에서 나온다.
아이를 내 불안을 해결하는 도구로 삼아서는 안 된다.

비교가 안 좋다는 것은 누구나 안다. 이래저래 비교당하며 살기 때문에 상처를 준다는 것을 잘 알면서도 옆집 아이와 비교하는 실수를 곧잘 저지른다. 비교는 아이의 자존감을 해친다. 부모가 아이를 비교하면 아이는 자신의 내면을 비추던 초점을 바깥으로 돌린다. 아이는 자신이 가진 장점, 강점보다 부족한 것에 집중하게 된다. 다른 사람들의 장점이나 능력 등을 신경 쓰다 보면 막상 자신의 일에 총력을 쏟지 못한다. 아이는 자신을 끝없이 다른 이와 비교하고, 평가에 연연하게 된다. 남과의 비교를 통해 자신의 가치를 평가하면 '질 수밖에 없는 전쟁'이다. 모든 면에서 늘 남보다 우월하기란 불가능하다. 유대인 부모는 '각자 자기의 가치가 있다'는 점을 분명히 알려 준다.

또 하나, 비교는 '자기다움'을 잃게 만든다. '자기다움'은 그 누군가에 의해서 대체되지 않으며, 존엄하고, 생명력 있으며, 여러 명 중 하나가 아닌 오직 한 명으로서 자신의 삶을 주도적으로 사는 것을 뜻한다. 남과 비교하지 않고 자기 자신의 삶에 충실할 때 자기다움이 무엇인지 알 수 있다. 사람마다 자기 그릇과 몫이 따로 있다. 그 그릇에 그 몫을 채우면 된다. 꾸준히 자신을 살피면서 나답게 살고 있는가를 물어야 한다. 무엇이 되어야 하고 무엇을 이룰 것인지 물으면서 자기 삶을 만들어 가야 한다. 자기 그릇을 자꾸 다른 그릇과 비교하면 정작 내 그릇만의 가치를 잃어버리고, 자기 몫을 하는 데 온전히 에너지를 쏟지 못한다. 남과 비교하는 삶을 살면 결국 남이 바라는 인생을 살 수밖에 없다.

비교는 시샘과 열등감을 낳는다. 『구약성경』에서 카인은 비교하는 마음 때문에 동생 아벨을 죽였다. 하나님이 자신의 제물보다 아벨의 제물을 더 반긴다는 이유에서다. 비교로부터 생긴 시기, 질투 때문에 아무 잘못 없는 동생을 죽였다. 마음의 상처 때문이다. 부모의 비교 프레임 안에 갇힌 아이에게 타인은 모두 비교 대상이 된다. 친구도 전부 이겨야 할 대상이 되어 버린다. 자기보다 나아 보이는 친구를 시기하고 질투하는 아이는 외롭다. '늘 질 수밖에 없는 싸움'인 비교 끝에 남는 것은 열등감, 나아가 무력감이다. 카인은 농부, 아벨은 양치기, 서로가 다름을 인정했다면 어땠을까.

> "사람은 비교당할수록 더욱 불행해진다. 내 아이가 정말 불행해지길 바란다면 주변에 괜찮은 아이, 장점이 많은 형제와 끊임없이 비교해 줘라."
> –댄 그린버그, 동화작가

비교는 아이의 마음에 불행의 씨앗을 심는다

우리는 살아가면서 알게 모르게 비교를 한다. 비교는 인간의 본능이다. 정신을 바짝 차리고 시선을 나에게로 돌리지 않으면 비교의 덫에 걸리고 만다. TV를 켜면 잘 나가는 이들의 향연이 펼쳐지고, 영재는 또 왜 그렇게 많은지. 딱 그 지점에서 '저 사람은 저렇구나' 하고 멈춘 뒤 오롯이 나에게 초점을 맞춰야 한다. 나다움이 무엇인지. 내 아이의 장점은 무엇인지에 집중해야 한다. 그래야 돌아가는 세상 속에서 온전히 '나'를 지켜낼 수 있다. 비교가 잠시 동기부여 효과는 낼 수 있을지 모른다. 그러나 단기적 효과는 불확실하고, 중장기적으로 잃는 것이 더 많다. 특히 아이를 누군가와 비교하는 것은 아이 마음에 '불행의 씨앗'을 심는 것과 같다.

유대 격언에 "형제의 머리를 비교하면 둘 다 죽이지만, 개성을 중시하면 둘 다 살린다."는 말이 있다. 유대인 부모는 형제, 자매끼리도 절대 비교하지 않는다는 원칙을 갖고 있다. 자녀를 독립된 인격체로 대하는 이들은 형제, 자매 또한 서로 다른 인격체로 존중한다. 이들은 아이가 친구 집에 놀러 갈 때도 형제를 절대 같이 보내지 않는 것으로 유명하다. 각자가 하고 싶은 것이 다르기 때문에 부모의 편의상 같은 장소에 보내는 것은 잘못이라고 생각한다. 그만큼 아이마다 특성이 다르다는 점을 인정하고, 다름을 존중한다.

부모가 비교하지 않고 각기 다른 인격체로 존중하기에 유대인 자녀들은 형제간 우애가 남다르다. 유대인으로서 미국 최초의 국무장관에 오른 헨리 키신저. 그의 동생 워터 키신저는 잘나가는 형에게 열등감을 가지기는커녕 "신문은 형만 쫓아다니지 말고 내 성공담을 싣는 게 좋을 텐데."라고 말했다. 알렌전기설비 회사의 사장이었던 동생의 자신감을 엿볼 수 있는 대목이다. 그는 강점이 서로 다름을 알고 형과 선의의 경쟁을 펼쳤다.

"어렸을 때 형과 나는 라이벌이었어요. 그러나 대립 관계는 아니었죠. 서로가 좋아하는 일이 다르고 성격도 달랐거든요." 부모가 형제를 비교하지 않고 독립된 인격체로 인정해 주었음을 짐작할 수 있다.

유대인 부모는 비교하는 대신 아이가 가진 성격, 관심사, 재능, 개성을 발견하는 데 집중한다. 그리고 특정 기준, 예를 들면 공부와 같은 잣대로 아이를 재단하지 않는다. 저마다 가진 개성은 가치 있는 것이기에 재능을 키우는 데 최선을 다하라고 가르친다.

희대의 마술사 데이비드 카퍼필드, 헤어 디자이너 비달 사순, 배우 나탈리 포트만, 재즈의 명인 케니 지, 바비 인형의 어머니 루스 핸들러, 색채마술사 마르크 샤갈 등 다양한 분야에서 일가를 이룬 유대인이 배출된 것은 우연이 아니다.

"어제의 당신과 비교하라"

아이가 타인과의 비교를 멈추고 자기 삶으로 초점을 맞추도록 이끌어 주는 것은 부모 역할이다. 아이에게 동기부여를 할 때는 남과의 비교가 아니라 '어제의 나'를 이기는 사람이 되라고 가르쳐야 한다. 캐나다 심리학자 조던 피터슨은 『12가지 인생의 법칙』에서 이렇게 말했다.

"내일의 내가 어제의 나보다 조금이라도 나아진 면이 있다면, 그것으로 성공이다. 남을 의식할 필요는 없다. 오로지 나만의 기준으로 판단하면 된다. 오늘 어떤 선택을 해야 내일 좀 더 나은 내가 될 수 있을지 그 답은 나만이 알고 있다. 다시 한 번 말하지만, 현재의 다른 사람과 비교하지 말고 어제의 당신과 비교하라."

오직 '어제의 나'와 비교하는 법을 아는 아이는 자기 발전에 집중한다. 남이 무엇을 어떻게 하건, 가야 할 길을 간다. 내가 하는 일에 집중, 몰입하면 성과는 따르게 마련이다. 만화가 이현세 씨가 개강 첫날 학생들에게 꼭 해주는 말이 있다.

"천재를 만나면 먼저 보내주는 것이 상책이다. 그러면 상처 입을 필요가 없다.(중략) 그런 천재는 존재하는 것만으로도 축복이고 보는 것만으로도 감사하다. 그런 천재들은 너무나 많은 즐거움과 혜택을 우리에게 주고 우리들의 갈 길을 제시해 준다. 나는 그런 천재들과 동시대를 산다는 것만 해도 가슴 벅차게 행복하다. 나 같은 사람은 그저 잠들기 전에 한 장의 그림만 더 그리면 된다. 해지기 전에 딱 한 걸음만 더 걷다 보면 어느 날 나 자신이 바라던 모습과 만나게 될 것이다. 그것이 정상이든, 산중턱이든 내가 원하는 것은 내가 바라던 만큼만 있으면 되는 것이다."

자기에 대한 확고한 신뢰가 있는 아이는 남의 성공이나 성취를 인정하고 진심으로 칭찬하는 법을 안다. 비교당하는 데 익숙한 아이는 타인을 이겨야 할 대상으로 생각하고, 다른 사람을 폄훼하고 깎아내리려 한다. 사람의 마음을 얻기 힘들뿐더러 더불어 사는 세상에서 고립되기 쉽다. 유대인 아이들은 자기 스스로를 그 누구와도 비교하지 않는다. '아 저 사람은 그렇구나' 받아들이고, 타인의 성취를 진심으로 축하한다. 자신의 것에 집중하고, 스스로의 삶에 만족하는 아이는 사람들과의 관계 또한 풍요롭다. 부모가 아이를 있는 그대로 인정하고, 믿고 지지해주면 아이는 그 힘으로 자기의 길을 끝까지 간다.

"우리 아이는 아무리 봐도 잘하는 것이 없다."고 말하는 부모들이 있다. 비교의 오류 때문이다. 자신이 가진 최악의 것과 남이 가진 최고의 것을 비교하는 것이다. 대한민국 '육아 멘토' 오은영 박사(정신과 전문의)는 칼럼에서 "우리나라 부모들은 아이가 가진 부분을 하나하나 떼어 그 분야 최고의 수준과 비교한다."고 꼬집는다. 한자는 주변에서 가장 높은 급수를 딴 아이와, 공부는 반에서 1등을 하는 아이와, 운동은 미래의 꿈이 손흥민인 아이와 비교하는 식이다. 이렇게 비교를 당한 아이는 열등감이 생길 수밖에 없다. 아무리 잘, 열심히 해도 언제나 나보다 잘하는 다른 기준이 존재하기 때문이다.

비교는 아이를 독립된 인격체로 존중하지 않는 마음에서 온다. 예를 들어 남편이 아내를 늘 누군가와 비교하면 기분이 어떨까. "능력 있는 아내 만나 팔자 폈다.", "누구 아내는 나이를 거꾸로 먹는다."라는 둥, 이런 말을 듣는 아내의 기분이 좋을 리 없다. 비교하는 아내를 둔 남편 입장도 마찬가지다. 아이도 비교당하는 사람이 겪는 심리적 고통을 똑같이 느낀다. 아이 입장에서 부모의 비교하는 말은 더욱 크게 다가온다. 연구결과에 따르면 아이는 어른이 되어서도 언제 부모가 형제간에 차별 대우를 했는지, 서로 비교하며 자존심에 상처를 입혔는지 기억한다. 어릴 적 상처는 아이의 온몸에 각인돼 성인이 되어서까지 고통을 주기도 한다.

부모력의 핵심은 경제력과 정보력이 아니다. 아이가 쫙쫙하게 자라날 수 있는 햇빛, 바로 존중하는 마음이다. 부모가 아이에게 잘못된 기준을 들이대고 끊임없이 비교하는 것은 자신의 열등감과 불안감 때문이다. 반드시 스스로 물어봐야 한다. 나를 불안하지 않게 하는 아이를 키우고 싶은가, 자신의 강점과 개성을 알고 주체적 인생을 살아갈 아이를 키우고 싶은가. 아이를 내 불안을 해결하는 도구로 삼아서는 안 된다.

아이는 부모의 행동을 보고 따라 배운다. 부모가 사는 방법을 배우기도 한다. 아이가 온전히 자기 삶에 집중하고, 만족하며 살기를 바란다면 부모가 그렇게 살면 된다. 비교를 멈추면 삶이 달라진다. 나의 내면을 들여다보고 실력을 키우면 진정한 자유가 온다. 내가 가진 에너지를 주변을 기웃거리는 데 낭비하지 않고 내가 성장하는 데 집중해 보자. 그럴 때 비로소 타인의 시선으로부터 벗어나 나의 기대를 만족시키는 삶이 다가온다.

자꾸 아이를 다른 아이와 비교하면 아이도 다른 부모와 내 부모를 비교하게 된다. "다른 부모는 이렇던데, 왜 우리 부모는 이것밖에 안 해 줘?" 아이는 자기에게 겨눴던 칼날을 부모에게 돌린다. 당장 비교를 멈추어야 한다.

아이와 함께 실천해 보세요!
1. "형 좀 봐라.", "누구는 1등 했다더라." 같은 비교의 말을 멈추세요.
2. 비교하는 마음이 들 때면 나 자신에게 초점을 맞추세요.
3. 아이가 자신의 가치를 알고 자기만의 삶을 살아갈 수 있도록 도와주세요.

참된 인생

지금 이 순간 행복하다고 생각하면
성공적인 인생을 살고 있는 것이다.
그리고 그것으로 만족하면 풍족하다.
저 사람이 나보다 앞서나가는 건 아닐까?
비교하지도 말고 움츠러들지도 마라.
사람들 누구에게나 주어진 시간은 똑같다.
하지만 지금 이 순간을 누릴 줄 아는 사람은 많지 않다.
주어진 하루를 감사하게 받아들여 활기차고 희망차게 시작하고
나와 부딪치는 모든 사람과 세상 모든 것들을
긍정과 사랑의 눈빛으로 바라보라.
그렇게 사는 것이야말로 참된 인생을 사는 것이다.
- 『탈무드 잠언집』 중에서

아이는 밥상머리에서
살아갈 힘을 얻는다

온 가족이 모여 앉은 식사 자리는
단순히 밥 한 끼 하는 것이 아니라 영혼을 살찌우는 시간이다.

버락 오바마 미국 전 대통령이 바쁜 일정 속에서도 빠뜨리지 않은 것이 있다. 그것은 가족과 함께하는 식사시간이다. 그가 가족 식사를 중요하게 생각하는 것은 어머니의 영향 때문이다. 오바마의 어머니는 싱글맘이자 워킹맘으로 힘들게 오바마를 길렀다. 늘 바빴던 그녀는 매일 새벽 시간에 식사를 침대로 가져와 투덜거리는 아들을 달래며 이야기를 들어주고, 과제를 함께했다. 직장에 나가야 했던 어머니는 아침 식사시간을 앞당겨 아들 오바마와 함께 식사하며 이야기를 나눴다. 새벽에 어머니와 아침 식사를 하면서 오바마는 어머니의 무한한 사랑을 느낄 수 있었다. 전 세계의 리더로서 1분 1초가 모자랐을 오마바의 가족 식사는 우리에게 큰 울림을 준다.

KBS 프로그램 〈공부하는 인간〉에 출연했던 힐 마골린은 한국인 딸을 입양해 하버드대학교에 보낸 유대인이다. 그는 딸이 하버드대학교를 들어갈 때까지 딸과의 저녁 식사를 거른 적이 없다고 했다. 힐은 딸 릴리가 세상 그 어디에서 배우는 것보다 저녁 식사에서 더 중요한 것을 얻는다고 굳게 믿었다. 릴리가 대학 입학을 앞둔 바쁜 시기에도 저녁 식사는 멈추지 않았다. 그들이 식탁에서 가장 즐겼던 것은 'Why' 게임이다. 가족이 번갈아 가면서 주변에서 일어난 일들에 대해 '왜?'라고 묻고, 대화하며 토론의 장을 만들었다.

하버드대학교의 유대인 학생들에게 유대인이 세계적으로 두각을 나타내는 이유가 무엇이라 생각하는지 물었다. 그랬더니 그들은 '부모와의 대화와 토론'을 가장 우선으로 꼽았다. 그 대화와 토론이 가장 빈번하게 이뤄지는 곳이 바로 밥상머리에서부터다.

실제로 밥상머리 대화의 효과는 전 세계적으로 여러 차례 입증된 바 있다. 1980년대, 미국 하버드대학교 캐서린 스노 박사 연구팀은 세 자녀를 둔 83개 가정을 대상으로 2년간 아이들의 언어습득 능력을 연구했다. 결론은 '밥상머리 교육의 힘은 크다'는 것이었다. 연구 기간 아이들이 평균적으로 습득한 어휘는 2천여 개. 이 중 책 읽기를 통해 얻는 단어는 140여 개인 반면, 가족 식사 중 배운 단어는 천 개가 넘었다. 초등학교 진학 후에도 가족 식사 횟수가 많은 아이일수록 학업 성적이 높았다.

가족이 함께 식사하면 가족 간에 강한 유대감이 생기고 행복감을 느낀다는 연구결과도 있다. 콜럼비아대학교 CASA 연구에 따르면 가족과 식사를 자주 하는 청소년은 그렇지 않은 청소년에 비해 부모님과 형제자매와의 관계가 좋은 것으로 나타났다. 미네소타대학교 연구 팀이 학생 4천 명을 대상으로 연구한 결과에서도 가족 식사의 빈도는 우울증, 자살률과 반비례했다. 한편 컬럼비아대학교 약물 오·남용 예방센터^{CASA} 연구에 따르면 가족과 식사를 자주 하지 않는 청소년의 흡연 비율은 그렇지 않은 청소년보다 네 배나 높았다. 음주와 마리화나를 하는 경우도 두 배가량 많았다. 밥상머리는 아이들에게 바른 인성을 길러주고 삶의 지혜를 가르쳐 주는 살아 있는 교육의 장이다.

가족이 함께하는 식사시간은 아이의 영혼을 살찌운다

유대인은 수천 년간 밥상머리 교육을 철저히 지켜왔다. 박해로 인해 학교와 회당에 갈 수 없을 때도 그들은 가정에서 밥상머리 예배를 드리며 정체성을 지켰다. 가정은 회당이자, 학교를 대신했다. 아버지는 랍비 역할을 한 셈이다. 유대인은 가능한 한 저녁 한 끼는 가족과 함께하며 대화와 토론을 즐긴다. 사정이 여의치 않더라도 이들이 꼭 지키는 것이 있는데, 바로 안식일 전야 저녁 식사다. 아무리 일에 쫓겨도, 멀리 살아도 이날만큼은 가족들이 한자리에 모여 서로의 안부를 확인하고 특별한 식사를 나눈다. 먼저 어머니가 식탁 위의 촛불을 켜고 감사기도를 드린다. 이에 아버지가 일주일간 어머니의 노고에 대한 감사 인사를 전하며 아이들을 축복한다. 이렇게 시작된 식사는 적어도 서너 시간씩 이어진다. 이들은 『탈무드』와 『토라』에 대한 토론부터 사소한 일상까지 시시콜콜 대화를 나눈다.

루엘 앨 하우는 그의 저서 『대화의 기적』에서 이렇게 말했다.

"몸에 피가 흘러야 한다면 사랑에는 대화가 흘러야 한다. 피가 멈추어 섰을 때 그 몸이 죽기 시작하듯, 만약 대화가 멈추어 버린다면 사랑은 죽은 것이다. 이미 죽은 몸은 살리지 못하지만, 대화는 이미 죽은 관계까지 회복할 능력이 있다. 이것이 대화의 기적이다."

사랑의 시작은 그 사람의 마음을 알아주고 이해해주는 것이다. 유대인 부모는 맛있는 음식과 함께 편안한 대화로 자녀와 단단한 유대 관계를 맺는다. 아이가 설사 잘못한 일이 있다 할지라도 식탁에서는 절대 야단치거나 훈계하지 않는 것을 원칙으로 삼는다. 온 가족이 모여 앉은 밥상은 단순히 한 끼를 해결하는 자리가 아니라 영혼을 살찌우는 시간이라 생각하기 때문이다.

유대인 부모는 밥상에서 많은 대화를 나누기 위해 노력한다. 여기 유대인의 지혜가 있다. 식사가 끝나면 어머니는 대화가 끊이지 않도록 달콤한 디저트를 차와 함께 여러 차례에 걸쳐 내놓는다. 이러한 전통 때문에 후식 문화가 발달했고, 세계적인 디저트 회사들이 탄생했다. 던킨 도너츠의 윌리엄 로젠버그, 허쉬 초콜릿의 밀턴 허쉬, 하겐다즈 아이스크림의 매터 루우벤, 베스킨라빈스31의 베스킨과 어빙 라빈스…. 이들이 모두 유대인이다. 유대인 부모는 달콤한 디저트와 함께 서로에 대한 칭찬과 격려를 잊지 않는다. 지치고 힘든 일이 있어도 이들은 가족이라는 공동체 안에서 안정감을 얻고, 서로가 서로에게 힘이 되어 준다. 유대인에게 가정은 안식처이자 삶의 균형점이다. 바깥 세상에서 받은 스트레스나 상처는 가족들 간의 따뜻한 대화와 웃음 속에서 사르르 사라진다.

유대인의 밥상머리는 자신들의 정체성을 지키고 동질성을 가지는 자리이기도 하다. 유대인은 세계에서 가장 복잡하고 까다로운 음식 계율을 갖고 있다. 전 세계 뿔뿔이 흩어져 살면서도 이 까다로운 규율을 준수함으로써 유대인임을 확인한다. '나'가 아닌 '우리'라는 공동체를 인식하는 것이다. 이들은 '합당하다'는 뜻을 가진 '코셔'kosher 음식만을 먹는데, 먹으면 안 되는 음식이 상당히 많다. 모든 채소와 과일을 먹을 수 있지만, 어류(물고기)는 지느러미와 비늘이 있는 것만 먹어야 한다. 즉 장어나 문어, 오징어, 새우, 굴, 조개 같은 해산물은 먹을 수 없다. 조류는 닭이나 비둘기 고기는 먹을 수 있지만 육식·잡식성 조류인 독수리나 매, 까마귀 등은 먹을 수 없다.

육류는 되새김질하는 위가 있고 발굽이 갈라진 동물만 먹을 수 있다. 소나 양, 염소가 대표적이다. 발굽이 갈라지지 않은 동물(말·낙타 등)이나 되새김질 위가 없는 동물(돼지 등)은 금지돼 있다. 또 모든 고기는 유대교 율법에 따라 단번에 도살해야 하고, 도살 후에는 소금을 사용해 모든 피를 제거해야 한다. 가장 특이한 점은 육류와 유제품을 함께 먹는 것을 엄격히 금지하고, 함께 조리하는 것도 막고 있다는 것이다. 예를 들어 햄버거의 인기 메뉴인 치즈버거는 육류와 유제품이 함께 들어 있기 때문에 이스라엘에서는 팔지 않는다. 버터도 유제품이기 때문에 빵을 만들 때 버터를 썼으면 고기와 함께 먹을 수 없다. 유대인은 이 까다로운 규율을 준수하는 것이 본연의 욕구를 통제하고 성스러움으로 향하는 첫걸음이라 여긴다.

유대인은 밥상머리에서 '나'는 혼자가 아니라 '우리'라는 든든함을 느낀다. 험한 세상을 헤쳐 나갈 용기와 희망을 얻는다. 아울러 식사예절을 통해 예의를 갖추고 배려와 나눔의 의미를 실천할 수 있는 인성을 기른다. 밥상머리는 부모와 아이가 지혜를 나누는 최고의 시간이다. 깊은 대화를 통해 지식뿐 아니라 세상을 살아가는 지혜를 얻는다. 대화는 사랑의 시작이다. 사랑의 힘은 우리가 생각하는 것보다 훨씬 강력하다. 육아, 교육, 일, 인간관계 등으로 하루하루가 전쟁과 같다면 가족 식사를 평화의 시간으로 만들어 보자. 어디서부터 실천해야 할지 막막하다면 먼저 일주일에 한 번 '가족 식사의 날'로 정하는 것부터 시작해 보자.

밥상머리 교육 실천법

1. 일주일에 2번 이상 '가족 식사의 날'을 가진다.
2. 정해진 장소에서 정해진 시간에 함께 모여 식사한다.
3. 가족이 함께 식사를 준비하고, 함께 먹고, 함께 정리한다.
4. 식사 중에는 TV를 끄고, 스마트폰은 사용하지 않는다.
5. 대화하면서 천천히 먹는다.
6. 하루 일과를 서로 나눈다.
7. "어떻게 하면 좋을까?" 식의 열린 질문을 던진다.
8. 부정적인 말과 잔소리는 하지 않으며, 공감과 칭찬을 많이 한다.
9. 아이의 말을 중간에 끊지 말고 끝까지 경청한다.
10. 행복하고 즐거운 가족 식사가 되도록 노력한다.

반드시 근사한 저녁 식사를 준비해야만 하는 것은 아니다. 너무 잘하려고, 완벽하고자 하면 첫발조차 내딛지 못한다. 우선 매주 하루라도 다 함께 둘러앉아 식사하는 시간을 정하자. 주중에 한 번, 주말에 한 번이면 더 좋다. TV나 스마트폰은 끄고 일상적인 이야기부터 시작해 보자. 아이가 얘기할 때는 맞장구를 쳐주고, 부정적인 말은 삼간다. 밥상머리는 훈계하는 자리가 아니다. 특히 아이들이 말할 때는 중간에 끊지 말고 끝까지 잘 들어주는 것이 핵심이다. 아이들은 밥만 먹고 자라는 것이 아니다. 부모가 자기 마음을 이해해 주고, 자기가 하는 말에 공감해 줄 때 아이는 눈에 띄게 자랄 것이다. 지금부터라도 아이와의 시간을 적금 넣듯 차곡차곡 쌓아가자. 아이는 훗날 '우리 집 밥상머리'는 따뜻했다고 기억하리라.

아이와 함께 실천해 보세요!

1. 일주일에 적어도 한 번 이상 가족 식사 날짜를 정하세요.
2. 식사시간은 쫓기지 않고 편안해야 해요. 식사시간이 즐거울 수 있도록 혼내거나 잔소리는 다른 시간을 이용하세요.
3. 아이의 말을 끝까지 잘 들어주세요.

우리 가족만의
안식일

어릴 때부터 자신의 삶을 돌아보고 성찰할 수 있는 연습이 필요하다.
아이가 자기를 돌아보고, 자기를 단단히 지켜내는 힘을 기를 수 있도록 도와주자.

이스라엘은 금요일 저녁이면 거짓말처럼 고요해진다. 금요일 저녁
부터 토요일 저녁까지 '샤밧'이라 하여 안식일로 정하고, 모든 창조적
인 활동을 멈춘다. 유대인 가정은 안식일이 시작되기 전부터 정성 들
여 저녁 식사를 준비하고 집을 깨끗이 청소한다. 금요일만큼은 가족
모두 일찍 들어와 목욕하고 가장 좋은 옷으로 갈아입는다. 몸과 마음
을 깨끗하고 경건하게 준비하는 것이다. 해가 진 후 '샤밧'이 시작되
면 어떠한 일도 하면 안 된다. 음식도 미리 준비해 놓아야 한다. 불을
켜는 것도 일이므로 어두워지기 전에 촛불을 미리 켜놓고 음식 데울
불도 미리 켜 놓는다.

오늘날 대다수의 유대인 가정에는 안식일에 사용할 모든 가전제품
에 타이머를 작동할 수 있도록 해놓았다. 여름이면 에어컨이 한 시간

마다 작동했다 꺼질 수 있도록 타이머를 미리 작동시켜 놓는다. 안식일엔 가스레인지도 작동해선 안 된다. 음식은 식지 않도록 보온 오븐에 넣어 두거나 자동으로 켜져 데워지는 가스 오븐에 둔다.

지난 수천 년 동안 이들은 매주 금요일이면 한 주도 빠지지 않고 이렇게 복잡하고 까다로운 절차의 안식일을 지키고 있다. 유대인이 안식일을 어느 정도로 생각하는지 나타내는 극단적 사례가 있다. 바로 6일 전쟁이다. 1948년 독립한 이스라엘은 이웃 아랍국들과 불안한 관계였다. 1967년 이집트 대통령 나세르가 시나이반도에 주둔한 유엔군을 몰아내고 해협을 봉쇄했다. 그러고선 이스라엘 선박 통과를 금지시키면서 이스라엘과 아랍국 간의 전쟁이 시작됐다. 이 전쟁에서 이스라엘은 단 6일 만에 아랍국들을 격파하고 대승을 거두었다. 유대인은 이미 전쟁 전부터 6일간만 전쟁을 하고 그다음 날 안식하기로 했다고 한다. 전쟁 중에도 안식하는 나라, 이것이 이스라엘이다.

랍비 모르데카이 카플란은 안식일에 대해 이렇게 말했다.

"화가가 쉬지 않고 계속 붓질만 할 수는 없습니다. 때때로 붓질을 멈추어야만 합니다. 그래야만 자기가 그리고자 하는 주제가 캔버스에 제대로 표현되고 있는지 확인할 수 있습니다. 삶도 그림을 그리는 것과 같습니다. 안식일은 붓을 멈추고 우리의 삶을 관조하는 시간입니다. 그렇게 함으로써 우리는 삶이라는 화폭에 새로운 시각으로 신선한 힘을 공급하게 됩니다."

나를 아는 것은 성공적인 인생의 출발점

　예부터 유대인들은 쫓기듯 일하지 않았다. 일주일에 하루, 안식일에는 모든 삶을 정지하고, 자유롭게 휴식을 누렸다. 가족이 함께 모여 먹고, 마시고, 놀면서 사랑과 기쁨이 넘치는 시간을 보낸다. 독서를 하며 사색하고, 바쁜 일로 잊어버렸던 나와 대면한다. 나는 어디서 왔는지, 어디로 가는지, 지금은 어디쯤 있는지, 무엇을 원하는지, 나에게 필요한 것은 무엇인지 깊이 사색한다.

　성공적인 인생의 출발점은 나를 아는 데서부터다. 안식일은 유대인에게 자만할 때 겸손함을, 낙심할 때 희망을 가슴에 새길 수 있는 시간을 선물했다. 19세기 아하드 하암은 "이스라엘이 '샤밧'을 지켰다기보다는 '샤밧'이 이스라엘을 지켰다."라고 말했다.

　실제로 놀랄 만한 창의성은 일에 파묻혀 있을 때가 아닌 전혀 의외의 장소에서 나올 때가 많다. 고대 그리스의 뛰어난 수학자이자 물리학자인 아르키메데스는 목욕탕에서 '유레카'를 외쳤다. 목욕탕에 들어가면서 넘치는 물을 보고 금관에 은이 섞였는지를 알아내는 방법을 깨우쳤다. 칸트는 일정한 시간에 산책하면서 사색했고, 아인슈타인은 바이올린과 보트 타기를 하면서 재충전을 했다. 밥 딜런의 생애 최고 명곡인 '라이크 어 롤링스톤'은 그가 작곡과 음악 활동을 다 집어치우겠다 선언하고 외딴 오두막으로 잠적한 후 나온 결과물이다. 그들은 이미 '휴식의 힘'을 알고 있었던 것이 아닐까.

　랍비 나흐만이 어느 날 창을 내다보다 어디론가 바쁘게 달려가는 그의 하인을 보았다. 랍비 나흐만은 창을 열고 하임을 불러 말했다.

"하임, 오늘 아침에 하늘은 봤나?"

"아뇨. 못 봤습니다."

"그럼 자네가 오늘 아침에 길거리에서 본 것은 무엇인가?"

"사람들, 마차들, 상인들을 봤습니다. 물건을 사고파는 모습도 봤고요."

"하임, 50년 후에, 100년 후에도 자네가 보는 이 길거리와 시장은 그대로일 것이네. 그렇지만 나나 자네는 여기에 없겠지. 그렇다면 하임, 내가 한 가지 자네에게 묻겠네. 자네가 그렇게 바쁘게 뛰면서 좋을 게 무엇이 있겠는가? 하늘 한 번 볼 시간도 없이 말일세."

－『탈무드』중에서

사람은 욕망의 화신이다. 그 욕망을 쟁취하려 끝없이 질주한다. 일주일에 하루는 쉬면서 자신을 돌아보아야 욕망에 잡아먹히지 않을 수 있다. 자동차를 정기 검진하듯 나 스스로를 점검하는 시간이 필요하다. 지금 달리고 있는 속도와 방향은 적당한지, 목적지 설정은 제대로 한 것인지 확인하는 시간이야말로 자신을 성장시킨다. 무작정 달리면 오래, 멀리 달릴 수 없다. 왜 달리는지, 어디로 달리는지 잊기 십상이다. 유대인 저자 마릴린 폴은 『일하지 않는 시간의 힘』에서 이렇게 말했다.

"속도를 늦추고 시간과 공간을 천천히 음미하는 일은 활력과 맑은 정신을 안겨주고 자신의 경험을 성찰해 필요에 따라 경로를 수정하게 한다."

그녀는 안식일에 다음과 같은 일을 해보라고 조언한다.

1. 일주일 동안 숨 가쁘게 살아온 일과에서 벗어난다.

2. 효율적인 일이 아닌 좋은 일의 가치를 음미한다.

3. 세상의 경이로움에 감탄하고 신성한 감각을 느낀다.

4. 끝없는 욕구를 자극하기보다 지금 현실의 아름다움을 본다.

5. 아무 일도 하지 않는다.

6. 쓸모를 따지지 않고 예술과 창조적 활동을 즐긴다.

7. 즐기고, 축복하고, 사람들과 어울린다.

하루 24시간, 1,440분 중에서 우리가 '나'를 마주하는 시간은 얼마나 될까. 일을 마치면 무의식적으로 꺼내 드는 핸드폰, SNS, 지인들과의 약속 등으로 아무것도 하지 않는 시간은 거의 없다. 매일 꽉 찬 일정을 신앙처럼 지켜내느라 자는 시간마저 쪼개고 쪼갠다. 우리 아이들의 학습 시간은 또 어떤가. 타의 추종이 불가한 세계 최장이다. 자신을 돌아보는 시간을 갖지 않은 채 살아내는 데 급급하다. 바쁘다는 것을 의미하는 바쁠 망忙자를 보면 잃을 망亡에 마음 심心이 합쳐져 있다. 마음을 잃은 채 살면 중심이 흔들린다. 보이지 않는 마음이 우리를 움직이는 에너지이기 때문이다.

어릴 때부터 자신의 삶을 돌아보고 성찰할 수 있는 연습이 필요하다. 아이가 자기를 돌아보고, 자기다움을 알고, 자기를 단단히 지켜낼 수 있는 힘을 기를 수 있도록 도와주자. 일주일에 하루는 우리 가족만의 안식일을 정해 함께 시간을 보내자. 처음부터 하루 전체를 안식일로 만들 필요는 없다. 1시간, 2시간, 반나절 그리고 하루 이렇게 늘려 가는 것이다. 우리 가족의 안식일에는 스마트폰을 잠시 내려놓아 보자. 쉬는 시간에 스마트폰을 사용하면 더 큰 피로가 몰려온다. 휴대전화를 끄고 대화를 나누고, 산책을 나가자. 일주일을 열심히 보낸 가족들과 함께 서로 감사하고, 격려하고, 위로하고, 먹고 마시고 노는 시간을 가지자. 일하기 위해 쉬는 것이 아니라 행복한 시간을 갖기 위해 일하는 패러다임으로 바꿔 보자. 인생이 즐거워진다.

아이와 함께 실천해 보세요!

1. 우리 집만의 안식일을 정해 보세요.
2. 다 함께 먹고, 마시고, 놀면서 감사, 격려, 칭찬하는 시간을 가지세요.
3. 아이에게 자기를 돌아보는 시간이 얼마나 중요한지 알려 주세요.

아이들은 역사 교육을 통해 내가 누구인지,
삶의 목적이 무엇인지, 어디에 서 있는지를 깨닫는다.

미래 역량

04

누구와도 스스럼없이
지내는 법

- 유대인 소통 교육 -

AI가 보편화할 미래 사회에는 더욱 깊이 있는 전문성이 요구되고 전문성의 분야도 더욱 세분화하고 있어요. 그래서 협업과 소통 능력이 중요해집니다. 초연결성을 특징으로 하는 4차 산업혁명 시대에는 다양한 가치를 조율하고, 개성이 다른 사람들을 조화시키는 능력이 필수입니다.

 유대인 부모는 사회성을 중시해요. 그 때문에 아이가 어릴 때부터 원칙과 규범, 책임감 등을 철저히 가르쳐요. 특히 협동을 중시하는 유대인은 아이가 어려서부터 그룹을 지어 활동하는 것을 장려합니다. 친구를 사귈 때는 잘 듣는 것을 강조하고, 말조심하도록 주의시켜요. 또한 외국어 조기교육을 통해 여러 나라의 문화를 이해하고 다양한 사람들과 소통할 수 있는 능력을 길러 줍니다. 대인관계와 의사소통 능력은 앞으로 더욱 중요해질 거예요. 이 능력은 인공지능이나 로봇이 쉽게 대체할 수 없기 때문입니다.

친구를 신중히 만들되
깊이 사귄다

좋은 사람을 만나면 좋은 사람이 줄줄이 함께 온다.
서로 긍정적인 영향을 주고받기 때문이다.

우리 속담에 "친구를 보면 그 사람의 인격을 알 수 있다."라는 말이 있다. 가까이 지내는 사람을 보면 그 사람이 어떤 사람인지 알 수 있다는 뜻이다. 같이 어울리면 알게 모르게 영향을 미치고, 닮아간다. 기자 생활을 15년 가까이 하면서 많은 사람을 만나고 지켜보았다. 참 신기하게도 좋은 사람 곁에는 어김없이 좋은 사람들이 있었다. 남의 험담을 하거나 매사 부정적으로 보는 사람 옆에는 또 그에 호응하는 사람들이 있었다. 먹을 가까이하다 보면 자신도 모르게 검어진다는 '근묵자흑近墨者黑'이란 고사성어는 괜히 수천 년을 전해져 오는 것이 아니구나, 하는 생각이 들었다.

좋은 사람을 사귀는 것은 운을 부르는 비결 중 하나다. 좋은 사람을 만나면 좋은 사람이 줄줄이 함께 온다. 서로 긍정적인 영향을 주고받으니 더욱 잘되는 상승효과를 낸다. 반면 나쁜 사람과 있다 보면 자기도 모르게 그 사람을 닮아가면서 함께 악순환에 빠진다. 좋은 인생을 살고 싶다면 좋은 사람과 어울려야 한다. 유대인은 이러한 삶의 진수를 아이가 어릴 때부터 가르친다. 그래서 유대인 부모는 친구를 사귈 때 매우 신중히 하라고 당부한다. 이들은 아이의 교우 관계를 지도하는 것 또한 부모의 큰 의무라고 여긴다.

유대인이 생각하는 친구란 어떤 모습일까? 바로 '자신을 끌어올려 줄 수 있는 사람'이다. 『탈무드』에서는 "친구를 찾을 때는 한 단계 올라서서 찾아라."라고 조언한다. 여기서 '한 단계 올라서라'는 것은 공부를 아주 잘한다거나 돈이 많은 친구를 사귀라는 의미가 아니다. 어떤 면에서든 자신의 발전에 도움이 되고, 긍정적인 영향을 주고받을 수 있는 친구를 찾으라는 이야기다. 좋은 친구는 자신과 어울리는 사람들이 '조금 더 높아지고, 조금 더 나아지도록' 그렇게 선한 영향력을 행사한다.

유대인 부모는 자녀가 친구를 사귈 때 아주 적극적으로 개입한다. 아이 친구를 집으로 초대해서 함께 노는 모습을 관찰하기도 하고, 학교에서 어떤 아이인지 평판을 들어보기도 한다. 바람직한 관계가 아니라는 판단이 들면 아이에게 "그 친구와 사귀지 않았으면 좋겠다."라고 못 박아 이야기한다. 본받을 점이 없을뿐더러 좋지 않은 영향을 받을 것 같다는 판단에서다. 그리고 아이에게 "네가 배울 수 있는 부분이 있는 친구를 사귀어야 너의 발전에 도움이 된다."고 늘 강조한다. 이것이 친구를 통해 어떤 이익을 얻어야 한다는 뜻은 아니다. 아이가 얼마나 좋은 사람이 될 수 있는지를 살펴보는 것이다.

공자 또한 친구를 사귈 때 도움이 되는 사람과 해로운 사람을 구분하고, 좋은 벗은 가까이, 나쁜 벗은 가능한 한 피하라고 가르쳤다. 좋은 친구를 사귀는 것만큼 나쁜 친구를 멀리하는 것도 매우 중요하다. 유대인 부모는 나쁜 영향을 주는 친구를 곁에 두느니 차라리 혼자 있는 것이 낫다고 분명히 이야기해준다.

먼저 좋은 사람이 되어라

좋은 사람을 곁에 두려면 먼저 내가 좋은 사람이어야 한다. 유대인 부모는 아이에게 먼저 좋은 친구가 되어야 함을 가르친다. 유대 격언에 "친구를 내 몸의 일부처럼 아끼고 보듬어라."라는 말이 있다. 그만큼 친구를 소중히 여기고, 배려하고, 또 더 나은 방향으로 이끌어 주는 관계야말로 진짜 우정이다. "애매한 친구가 되기보다는 뚜렷한 적이 되라."는 『탈무드』의 격언과 같이 유대인은 한 번 친구가 되면 아주 깊은 관계를 유지한다. 굳이 적으로까지 만들 필요가 있을까 싶지만, 그 정도로 친구를 깊게 사귀라는 의미가 아닐까. 유대인은 넓고 얕은 관계보다는 몇 명의 친구라도 제대로 사귀는 것이 바람직하다고 생각한다.

유대인 부모는 아이에게 먼저 많이 베풀라고 강조한다. 선행을 하면 할수록 스스로에게 좋은 일이 많이 생긴다는 것을 아이에게 입버릇처럼 이야기한다. 자기 욕심만 채우고 약삭빠른 사람이 잘사는 것처럼 보여도 그렇지 않다. 길게 보면 베푸는 만큼 누리는 것이 인생이다.

『탈무드』에는 이런 말이 나온다. "친구가 채소를 주거든 너는 고기를 주어라." 이리저리 계산하지 말고 친구에게 많이 베풀라는 의미다. 세상만사가 마치 부메랑과 같다. 베풀지 않고서는 돌아오기를 바랄 수 없다.

유대인은 아이에게 반드시 물질적인 것이 아니라 따뜻한 말과 행동, 그 어떤 것이라도 넓은 마음으로 베풀라고 가르친다. 마음이 여유로운 아이는 우주도 안을 수 있지만 욕심만 가득한 아이는 좁쌀 하나 담기 어렵다. 마음이 넉넉한 사람 곁에 좋은 사람들이 몰리는 것이 세상 이치다. 원인 없는 결과 없듯 꽃이 피어야 열매가 맺는다. 수없이 피고 지는 꽃들도 벌과 나비를 불러들이기 위해 꿀을 내어준다. 베푸는 것도 습관이다. 유대인은 어릴 때부터 이러한 습관을 길러 준다.

대화의 3.2.1 법칙

친구를 사귈 때 먼저 베푸는 것만큼 유대인 부모가 강조하는 두 가지가 있다. 바로 '경청'과 '관심'이다. 유대인은 아이에게 "네가 말하는 시간의 2배만큼 친구가 하는 말을 들어야 한다."고 이른다. 인간은 입이 하나, 귀가 둘이다. 말하기보다 듣기를 2배로 하라는 뜻이다. 다음으로 상대방에 대해 많이 물어보는 것이다. 인간관계의 기본은 상대방에 대한 호기심이다. 상대에 대해 더 많이 알려고 노력하면 상대방도 마음의 문을 열게 된다.

미국의 유명한 작가 데일 카네기는 "진심으로 경청하는 태도는 우리가 다른 사람에게 보일 수 있는 최고의 찬사 가운데 하나"라고 말했다. 심리학적으로, 사람은 누군가가 자신의 이야기를 들어주는 것만으로 존중받고 있다고 느끼며 정서적인 안정감을 느낀다고 한다. 미국 경제전문지《포춘》은 성공방법의 하나로 '대화의 3.2.1. 법칙'을 제시하기도 했다. 3분간 경청하고, 2분간 맞장구치며, 1분간 말하라는 것이다. 자기가 하고 싶은 말만 하는 아이는 혼자가 되기 쉽다. 친구의 이야기를 잘 듣고, 관심을 가지는 습관은 아이의 큰 자산이 된다.

또 하나, 인간관계에서 중요한 것이 말조심이다. 세상에서 가장 말이 많은 민족으로 꼽히는 유대인들은 특히 말에 대한 교육을 철저히 한다. 말은 입에서 나가는 순간 주워 담을 수가 없기에 신중해야 한다. 『탈무드』에는 말조심에 관한 수많은 이야기가 나온다. "혀는 그 어떤 음식보다 달콤하지만, 그 어떤 것보다 더 무섭다.", "물고기는 항상 입으로 낚인다. 인간도 항상 입으로 낚인다."

그중에서도 유대인 부모가 가장 강조하는 말조심이 남에 대한 험담이다. 유대 경전 『미드라쉬』에는 험담이 살인보다 위험하다고 할 정도다. "남을 헐뜯는 험담은 살인보다도 위험하다. 살인은 한 사람밖에 죽이지 않으나, 험담은 반드시 세 사람을 죽인다. 험담을 퍼뜨리는 사람, 험담하는 것을 말리지 않고 듣고 있는 사람, 그 험담의 대상이 된 사람이다."

이 밖에도 다양한 유대 격언들이 험담에 관한 내용이다. "험담하는 사람은 흉기를 사용해 남을 해치는 것보다 더 큰 죄를 짓는 것이다. 흉기는 가까이 가지 않으면 상대방을 해칠 수 없지만 험담은 멀리 떨어져 있는 사람도 해칠 수가 있기 때문이다.", "불타고 있는 장작에 물을 끼얹으면 속까지 젖어 들어 꺼지지만 험담을 전해 듣고 분노에 차 있는 사람에게는 아무리 사죄한다 해도 그 마음속의 불을 꺼줄 수 없다.", "손가락이 자유자재로 움직이는 것은 남의 험담을 듣지 않기 위해서다. 험담이 들려오면 재빨리 두 귀를 막아라."

그런데 아이에게 말조심을 가르치는 최고의 방법은 부모가 남의 험담을 하지 않는 것이다. 특히 아이 앞에서는 남에 대해 좋은 점을 칭찬하는 모습을 보여 주면 아이는 부모를 닮는다.

유대인 부모는 어떤 친구를 사귀어야 하는지부터 좋은 관계를 유지해 나가는 법까지 인간관계의 세상 이치를 알려 준다. 성장기에 친구와의 관계를 성공적으로 맺은 경험은 평생 삶의 비옥한 자양분이 된다. 키에르 케고르는 "인간 행복의 90%가 인간관계에서 온다."라고 했다.

아이가 좋은 친구들과 함께 성장할 수 있도록 이끌어 주자. 먼저 베풀 줄 아는 넉넉한 아이로 키우자. 친구의 이야기를 관심을 갖고 들어주며, 신중하게 말하는 습관을 길러 주면 좋겠다. 더불어 영원할 것 같은 친구 관계도 계절의 변화와 마찬가지로 늘 변화해 갈 수 있음을 알려 주자. 아이가 친구 관계에 어려움을 겪는다면 인연에도 때가 있고, 수명이 있다는 것을 알려 주자. 어떤 노랫말처럼 봄은 또 오고, 꽃은 피고 또 지고, 핀다.

아이와 함께 실천해 보세요!
1. 아이에게 좋은 영향을 줄 수 있는 친구를 사귀라고 말해 주세요.
2. 아이에게 '경청'과 '관심'의 중요성을 가르쳐 주세요.
3. 부모 스스로 타인을 험담하는 모습을 보여 주지 마세요.

두 친구

사이좋은 두 친구가 있었다. 그들은 전쟁이 나서 헤어진 뒤 서로 적국인 두 나라에서 살게 되었다. 하루는 한 친구가 그리움을 못 이겨 다른 친구를 만나러 상대국에 갔다가 스파이로 오해받아 사형을 선고받고 옥에 갇혔다. 그가 스파이가 아니라고 아무리 변명해도 그의 말을 믿어 주는 사람이 없었다. 궁지에 몰린 그가 왕에게 간청했다.

"폐하, 제가 고향으로 돌아가 가족에게 후사를 부탁할 수 있도록 한 달만 시간을 주십시오. 한 달 뒤에 반드시 돌아와 사형을 받겠습니다." 왕이 말했다. "내가 어떻게 너의 말을 믿겠느냐? 누가 너의 말을 보증하겠느냐?"

"제 친구가 보증해 줄 것입니다. 만약 제가 돌아오지 않는다면 그가 저를 대신하여 사형을 받을 것입니다."

왕은 그의 친구를 불러 사정을 말하고 보증을 서겠냐고 물었다. 놀랍게도 그는 망설이지 않고 보증을 서겠다고 대답했다. 그렇게 한 달이 지났다. 마지막 날 해가 거의 떨어지는데 돌아오겠다던 친구는 돌아오지 않았다. 왕은 그의 친구를 끌어내다 사형을 집행하라고 명했다. 사형 집행인이 막 사형을 집행하려는 순간, 멀리서 친구가 헐레벌떡 달려오는 모습이 보였다. 그는 왕 앞으로 성큼 다가서더니 이렇게 말했다.

"제가 돌아왔으니 저를 죽이시고 친구를 풀어 주십시오." 두 친구의 우정에 크게 감동한 왕은 즉각 두 사람을 살려 주었다. "두 사람의 우정은 참으로 아름답구나. 나도 너희들과 함께 우정을 나눌 친구가 되게 해 다오." 그날부터 두 사람은 왕의 친구가 되었다.

-『탈무드』 중에서

유대인 부모의
훈육법

더불어 사는 아이로 키우려면
원칙과 규범, 책임감을 어릴 때부터 가르쳐야 한다.

유대인은 사회 속에서 더불어 사는 삶을 중시한다. "갈대도 다발로 묶으면 꺾을 수 없다."는 말처럼 이들은 '함께'를 중시한다. 행복도 성공도 타인과 소통하고 잘 어울리는 데서 온다고 믿는다. 작게는 가족, 나아가 유대인 공동체, 사회 공동체의 일원으로서 역할을 중시한다. 그 때문에 아이가 어릴 때부터 원칙과 규범, 책임감 등을 철저히 가르친다. 사회를 살아가는 데 꼭 알아야 하는 옳고 그름을 가르치고, 조절 능력을 길러 준다. 이는 그저 말 잘 듣는 아이로 키우기 위해서가 아니라 더불어 사는 아이로 키우기 위함이다.

훈육의 사전적 의미는 이렇다. '사회적 규제나 학교의 규율과 같이 사회적으로 명백하게 요청되는 행위나 습관을 형성시키고 발전시키는 것. 단체생활이나 사회생활에 적응하기 위해서 요청되는 여러 가

지 바람직한 습관을 형성시키거나 규율 위반과 같은 바람직하지 못한 행위를 교정하는 것을 말한다.'

훈육은 '가르치다教'와 '기르다育'가 합쳐진 말로, '가르치고 기른다'는 뜻이다. 여기서 기억할 것이 있다. 훈육은 혼내거나 화를 내는 것이 아니라는 것. 그리고 단순히 아이의 잘못을 지적하거나, 어른 뜻대로 아이의 의지를 꺾는 것을 뜻하지 않는다. 훈육은 아이가 그릇된 것을 판단하고 옳은 길을 선택할 수 있도록 가르치는 것이다.

유대인 부모의 말습관

부모가 아이를 훈육하는 방식에 따라 아이는 다르게 자란다. 부모가 지나치게 엄하게 아이를 대할 경우 아이는 부모의 눈치를 볼 뿐만 아니라 정서적으로 위축된다. 겉으로는 반항하지 못하지만 마음속에 분노를 저장하게 된다. 그리고 부모가 감정을 조절하지 못하고 화내는 모습을 보이면 아이도 '감정은 저렇게 표현하는 것'이라고 생각한다. 이렇게 격하게 화를 내는 부모의 눈치를 보며 자란 아이는 모든 일에 자신감을 잃는다. 실수할까 봐 걱정하고, 지레 겁을 먹고 시도도 하지 않는가 하면 대인관계의 문제로 고통받기도 한다. 때로는 부모에게 반항적인 행동으로 일관하거나 성격 장애 등으로 이어질 수 있다.

유대인 부모는 아이를 키우는 데 있어 기다리고 인내하는 것을 매우 중요하게 생각한다. 심지어 인내심이 없는 사람은 가르칠 자격도 없다고 생각한다. 이스라엘에 가면 집, 학교, 거리 어디에서든 많이 들을 수 있는 말이 '싸블라누트!'다. 이 말은 히브리어로 '인내심'이란 뜻으로, 히브리어로 '고난', '고통'을 의미하는 '쎄벨'에서 유래됐다. 유대인 아이들은 매일같이 부모로부터 '싸블라누트'라는 말을 듣는다. 유대인 부모는 신생아에게조차 눈을 마주치며 이야기한다. "기저귀 갈아 줄게. 싸블라누트!" 유대인 부모는 아이가 아무리 힘들게 해도 평상심을 잃지 않고 훈육에 들어간다.

부모가 화를 내지 않고 훈육하는 것은 매우 중요하다. 앞서 강조했듯 훈육은 '가르친다'는 의미지, 화를 내거나 혼내는 것이 아니다. 유대인 부모는 자녀가 아무리 어리더라도 동등한 인격체로 존중하기에 아이에게 분노를 나타내지 않는다. 만약 감정 조절이 안 될 때는 잠시 그 자리에서 벗어나 안정을 찾은 뒤 훈육한다. 그래야 아이를 비난하거나 공격하지 않을 수 있다. "너는 대체 왜 그 모양이야?", "네가 하는 일이 다 그렇지." 이와 같이 부모의 감정 섞인 말은 평생 아이의 마음에 상처를 남긴다. 아이는 두려움에 떨거나 반항심만 키울 뿐, 정작 무엇을 잘못했는지 알지 못한다. 감정 섞인 훈육은 안 하는 것이 차라리 낫다.

부모의 비난 섞인 말은 평생 아이의 가슴에 남는다. 아이에게 하는 말은 특히 조심해야 한다. 유대인 부모는 "너는 이게 문제야", "네가 하는 일이 늘 그렇지"와 같이 '너'를 주어로 하는 표현을 삼간다. 대신 "엄마는 네가 이렇게 하니까 마음이 안 좋아"라는 말로 느낌을 전달한다. 아이를 훈육할 때도 아이가 무엇을 잘못했는지 이해할 수 있도록 충분히 설명한다. 그리고 아이가 어떻게 반성하고 있는지, 앞으로 어떻게 할 것인지에 대한 이야기를 듣는다. 아이와 소통하고 끈끈한 유대관계를 유지하는 것을 중시하는 유대인 부모의 말습관이다.

부모의 훈육에는 원칙이 필요하다

감정을 섞지 않은 훈육은 원칙과 기준이 명확하다. 시시때때로 달라지지 않는다. 유대인 부모는 훈육에 원칙이 있다. 아이의 위험한 행동, 또는 다른 사람에게 피해를 주는 일, 그리고 사회 규범을 어길 경우 즉시 주의를 준다. 그 밖에 규칙들, 예를 들면 TV를 얼마나 보는지 등은 아이와 대화를 통해 함께 정한다. 훈육에는 일관성이 있어야 한다. 아이가 똑같은 잘못을 저질렀는데 부모의 기분에 따라 다르게 가르쳐서는 안 된다. 일관성 없는 훈육은 결코 성공할 수 없을뿐더러 부작용만 낳는다.

가끔 유대인 부모가 체벌할 때가 있다. 아이의 잘못된 행동을 계속 내버려 뒀을 때 아이가 앞으로 받게 될 불이익을 생각해서다. 단 체벌할 때도 원칙을 정해서 한다. 첫째, 절대 손 이외에 다른 도구를 사용하지 않는다. 이들에게 손은 자녀 양육을 위한 도구다. 둘째, 자녀의 머리는 절대 때리지 않는다. 머리는 '지혜의 창고'다. 셋째, 부모가 감정을 실어 체벌을 가하지 않는다. 이들은 진정 자식을 아끼고 사랑하는 부모만이 체벌할 수 있다고 믿는다.

그런데 유대인 아이들이 체벌보다 무서워하는 것이 있다. 바로 '침묵'이다. 대화하고 소통하는 것을 그 무엇보다 중시하는 유대인은 침묵을 최고의 벌로 여긴다. 유대인 부모는 아이가 잘못을 저질렀을 때 몇 차례 주의를 준다. 그래도 고쳐지지 않으면 아이가 좋아하는 것을 못 하게 하는 벌을 주고, 때에 따라 체벌을 가했음에도 잘못을 반복하면 아이와 침묵의 시간을 갖는다. 부모와 소통이 단절된 아이는 자신의 잘못을 반성하는 시간을 갖는다. 그리고 부모에게 용서를 빈다.

유대인 부모는 벌을 줄 때는 이렇게 확실한 태도를 보인다. 반대로 벌을 주지 않겠다고 마음먹으면 모든 것을 잊어버리고 용서해 준다. 유대 격언에 이런 말이 있다. "자녀를 협박해서는 안 된다. 벌을 주든지, 아니면 용서하든지 둘 중 하나를 선택해야 한다." 자녀의 마음을 무겁게 하지 말라는 의미다. 잔소리도 아이의 마음을 억누른다는 점에서 협박과 마찬가지다. 그래서 유대인은 잔소리도 하지 않는다. "어린아이를 꾸짖을 때는 한 번만 따끔하게 꾸짖으라. 두고두고 꾸짖으면 잔소리가 되어 듣지 않는다." 부모가 명쾌한 태도를 취하고 잘 분별해서 벌을 줘야만 마음이 건강한 아이로 자란다.

유대 격언에 이런 말이 있다. "오른손으로 아이를 벌주면 왼손으로 안아 주라." 체벌 뒤에는 반드시 사랑을 표현하라는 의미다. 유대인 부모는 아이를 혼낸 다음에는 꼭 껴안아 준다. 아이에게 '너를 사랑하는 마음은 변함없다.'라는 것을 느끼게 해주는 것이다. 아이는 부모에게 혼나 힘들고 속상한 마음을 털어버리고 편안한 마음으로 잠자리에 든다. 프로이트의 어머니도 어린 프로이트를 야단치고 나서는 "우리 꼬마 무어인"이라면서 밤새도록 껴안아 주었다는 이야기가 전해진다.

부모가 어린 자녀를 어떻게 대했느냐는 평생을 두고 영향을 미친다. 부모, 자식 간의 관계만큼 고도의 기술이 필요한 인간관계가 있을까. 그럼에도 우리는 자녀에게 하는 말과 행동을 쉽게 생각하는 경향이 있다. 아이에게 감정 조절을 잘해야 한다. '가르친다'는 이유로 아이에게 분노를 표출해서는 안 된다. 훈육에 있어 가장 중요하고도 어려운 부분이다. 그런 점에서 유대인의 '싸블라누트'는 되새겨 들을 만하다.

아이가 어떤 잘못을 저질렀다 해도 체벌은 안 된다는 것이 내 개인적 견해다. 아이마다 기질이 다르기에 100% 옳은 훈육법이란 존재하지 않지만, 이것 하나만 기억하면 좋겠다. 유대인은 자녀를 동등한 인격체로 인정하고, 그로부터 관계를 시작한다는 것. 유대인은 자녀와의 탄탄한 관계를 밑거름 삼아 훈육한다. 그로부터 아이는 세상에서 더불어 사는 법을 익힌다. 훈육은 부모의 권리가 아니라 의무다. 아이에 대한 깊은 사랑의 표현이어야 한다. 원칙이 있고 일관성이 있어야 한다. 내 아이에게 맞는 최적의 훈육 방식을 찾아야 한다. 이것은 오롯이 부모의 몫이다. 아이에게 부모는 세상의 축소판이고, 인생의 나침반이다. 아이에게 따뜻한 세상을 보여 주자. 아이는 씩씩하게 세상으로 걸어 나갈 것이다.

아이와 함께 실천해 보세요!

1. 훈육과 화내는 것을 반드시 구분하세요.
2. 일관된 원칙을 가지고 훈육하세요.
3. 어떤 일이 있어도 비난 섞인 말은 삼가세요.

아이가 잘못했을 때 유대인 엄마의 기도

아이의 물음에 대답해 주고, 수많은 갈등을 해결해 주고 율법대로 살아가도록 지도할 수 있는 지혜를 주소서.

화가 치밀어 오르고, 비난과 매질로 아이의 영혼을 짓밟고 싶을 때마다 이겨낼 수 있는 자제력을 주소서.

사소한 짜증과 아픔 고통 보잘것없는 실수와 불편에 눈감게 하소서.

참을성을 그보다 더한 참을성을 그리고 그보다 더한 참을성을 주소서.

생각과 기분을 깊이 헤아리고 있을 아이가 알 수 있도록 서로 공감하게 하소서.

고통과 좌절의 순간에도 아이의 존재를 처음 깨달았을 때 느꼈던 환희와 아이가 첫걸음마를 뗐을 때의 기쁨과 아이를 처음 품에 안았을 때의 희열을 결코 잊지 않게 하소서.

지치고 힘들 때도 아이를 위해 움직일 수 있는 힘과 건강을 주소서.

신념과 긍정의 힘으로 자신 있게 삶을 대하는 기쁨과 웃음과 열정을 주소서.

모진 말과 조롱, 비난으로 아이의 영혼을 파괴하지 않도록 침묵을 주소서.

아이를 있는 그대로의 모습으로 받아들이는 포용력을 주소서.

아이뿐 아니라 시간과 이해와 표현을 필요로 하는 내 내면의 아이도 사랑하게 하소서.

정체성과 사회성
키우기

멀리 가려면 함께 가야 한다. 빨리 가려고 해도 함께 가야 한다.
유대인이 어릴 때부터 강조하는 공동체 정신이다.

유대인은 밀어주고 끌어주는 단결력으로 막대한 부를 이뤘다. 역사
적으로 유대인이 정착한 곳은 어김없이 발전했다. 끈끈한 단결력으로
유대인은 상권을 장악했는데, 이로 인해 기존 세력으로부터 견제와
박해를 받기도 하고, 추방당하기도 했다. 유대인은 갖은 핍박 가운데
서도 네트워크를 통해 금융과 무역을 발전시켜 왔다. 유대인은 중세
부터 창업을 하거나 사업 자금이 필요한 유대인을 위해 '무이자대출
협회'를 운영해 오고 있다. 무이자 대출의 회수율은 대개 80% 수준을
뛰어넘는다. 나아가 성공한 이들은 빌린 돈보다 훨씬 더 많은 금액을
기부해 도움이 필요한 유대인을 돕는다.

오늘날 창업생태계에서도 유대인은 시장을 제패하고 있다. 페이팔
창업자인 피터 틸은 페이팔 매각으로 돈방석에 앉았고, 페이스북 설

립 초기에 투자한 덕분에 조 단위 부자가 되었다. 페이팔 창업 멤버의 다수가 유대인이었기 때문에 일각에서는 'J커넥션(유대인 인맥)'이라는 음모론으로 해석하는 시각도 있다. 실제로 실리콘밸리의 유대인 계보는 놀랍다. 구글 공동창업자인 래리 페이지과 세르게이 브린, 페이스북 창업자 마크 저커버그와 2인자 셰릴 샌드버그, 전설적인 벤처캐피탈 세쾨이어캐피탈 마이클 모리츠 회장 등 모두가 유대인이다. 트위터 창업자 비즈 스톤, 세일즈포스닷컴 창업자 마크 베니오프 등도 유대인으로 알려져 있다. 과거를 거슬러 올라가면, 인텔 CEO 앤디 그루브, 오라클 창업자 래리 엘리슨도 유대인 가정에서 태어났다. 전 세계 수십억 명이 유대인이 만든 인터넷과 정보기술IT 세상에서 뛰어노는 셈이다.

이스라엘이 창업 국가로 유명한 것은 세계에 뻗어 있는 유대인 네트워크 덕이 크다. 유대인은 자금 대출뿐 아니라 성공할 때까지 인맥과 지식도 나누어 준다. 이스라엘 창업회사들이 나스닥에 상장한 숫자가 전 유럽 국가 회사들의 나스닥 상장 수보다 많은 것이 단적인 예다. 실리콘밸리 유대인들은 같은 민족이라면 열 일 제쳐두고 도와준다. 창업 초기 필요한 인맥부터 마케팅 네트워크, M&A와 상장 전문가까지 소개해 주고 조언을 아끼지 않는다.(홍익희 교수, '유대 창업마피아', 중앙일보)

유대인 공동체라는 울타리 안에서 그들은 정보와 기회를 서로 주고받으며 강력한 네트워크를 만들어 간다. 이와 같은 공동체를 통해 유대인은 평생에 걸쳐 '선택받은 사람'이라는 정체성을 공고히 다진다. 유대인이라면 서로 밀어주고 끌어주며, 하나로 뭉치고 돕는 단결력이 바로 그들의 힘이다. 오랜 기간 나라 없이 살면서 말과 글, 종교를 고스란히 간직하고 있는 것은 전 세계에 유대민족이 유일하다. 어릴 때부터 공고히 해온 공동체 정신은 유대인이 성공을 이룬 중요한 열쇠다.

유대인의 인적 네트워크

이스라엘에서 전쟁이 일어나면 전 세계 유대인들은 직접 이스라엘로 달려가거나 돈을 보낸다. 유대인의 강력한 결속력을 상징적으로 보여 주는 단면이다. 유대인은 2000년 넘게 뿔뿔이 흩어져 살면서도 유대인이라는 민족적 동질감을 잃지 않았다. 수천 년간 나라 없이 떠돌며 고난과 핍박의 시간을 헤쳐 온 유대인들은 "뭉치면 살고 흩어지면 죽는다."라는 생각이 뼛속 깊이 박혀 있다. 『탈무드』에 "모든 유대인은 서로를 책임진다."라는 말도 맥을 같이한다. "유대인 거지는 없다."는 말도 유대인은 공동체 안의 약자를 돌보는 것을 의무이자 정의로 생각하기 때문이다.

유대인은 어려서부터 공동체 정신을 주입받는다. 유대인 부모는 자녀들에게 "화살 하나는 부러뜨리기 쉽지만 화살을 여러 개 묶으면 부러뜨리기 어렵다."고 강조한다. '하나님이 선택한 민족'이라는 선민의식을 가진 유대인 공동체는 종교 공동체이자, 넓은 의미의 가족인 셈이다. "너희는 서로를 보호하는 보호자다. 너희는 모두 한 형제다." 유대인은 이 같은 하나님의 명령을 철저히 지켜오고 있다. 인종이 다르고 언어가 달라도 이들은 유대인이라면 물심양면으로 돕는 것을 당연하게 생각한다.

　오래전부터 유대인 공동체에는 무료 숙박소가 있었다. 유대 회당에는 가난한 유대인을 지원하기 위한 모금함(쿠파)이 있다. 놀랍게도 유대인이라면 누구나 일주일 치 생활비를 가지고 갈 수 있는 권리가 있다. 유대 회당에는 구호금 접수원이 있어서 매주 금요일 아침이면 시장과 일반 가정을 돌아다니며 구호금이나 구호품을 거두어 간다. 적어도 유대인 공동체에는 돈이 없어 굶어 죽거나 병원 치료를 못 받는 일은 없었다. 이렇게 서로 돕는 문화가 있었기에 유대인들은 오랜 핍박 속에서도 생존할 수 있었다.

　유대인은 유대인이란 정체성을 어려서부터 교육받는다. 유대인 아이는 대략 두세 돌만 되어도 유대인 캠프에 참여한다. 유대인 공동체 일원으로서 더불어 사는 법을 배우기 위함이다. 학교에 가게 되면 여름방학을 이용해 유대인 캠프에 간다. 전 세계에서 모여든 유대인 아이들은 유대의 역사와 전통, 히브리어 등을 배운다. 더불어 배려와 친절, 책임감, 리더십 등 공동체 구성원으로서 갖추어야 할 역량을 키운다. 아이들은 각 나라의 다양한 친구들과 어울려 사는 방법을 자연스럽게 깨우친다. 동시에 '우리는 유대인'이라는 강한 유대감을 쌓고, '우리는 하나'라는 강한 민족애를 쌓는다. 유대인 가운데 창의적 인재가 많은 이유는 자기만의 정체성을 확고히 다지고 다양한 나라의 문화를 받아들이기 때문이다.

유대인의 사회성 훈련

유대인은 공동체를 통해 사회에서 더불어 사는 법을 배운다. 유대인 부모는 특히 '협동'을 중시한다. 유대인 아이들은 어디를 가든지 4~5명이 그룹을 이루어 활동한다. 아이들은 혼자서 하는 놀이보다 여럿이 하는 놀이에 훨씬 익숙하다. 이스라엘은 대부분 맞벌이를 하기 때문에 아이를 생후 3개월부터 어린이집에 맡긴다. 자연스럽게 사회성을 익히는 셈이다. 이스라엘의 아이들은 갓난아기 때부터 또래들과 함께 정해진 규칙과 시간표에 따라 먹고 자면서, 지켜야 할 규율을 터득한다. 유치원에서는 또래 친구들과 그룹을 지어 만들기나 역할놀이 등을 하면서 협동하는 법을 배우고 사회 질서와 규율을 익혀 나간다. 이와 같은 유대인 교육 방식은 초·중·고등학교를 거쳐 대학까지 이어진다.

유대인의 협동 정신은 세계 곳곳에서 나타난다. 특히 미국 할리우드는 유대인에 의해 돌아간다 해도 과언이 아니다. 제작자부터 감독, 배우, 시나리오 작가, 영화음악 작곡가와 의상까지 약 절반 이상이 유대인으로 알려져 있다. 스티븐 스필버그 감독을 필두로 해리슨 포드, 우디 앨런, 나탈리 포트만, 더스틴 호프먼, 로버트 드니로 등이 대표적이다. 영화계와 예술가들은 대개 개성이 강하고 자유분방해서 협동심이 부족하다는 평가를 듣지만 유대인들은 놀라울 만큼 끈끈한 협동심으로 뭉쳐 영화계를 주름잡고 있다.

유대인은 공동체 내에서의 경쟁도 협동만큼이나 중요하다고 가르친다. 유대인 부모는 자녀가 어릴 때부터 승패가 갈리는 게임을 통해 경쟁에 익숙해지게 한다. 이스라엘 학습 도구인 '오르다'는 전 세계적으로 유명하다. 아이들은 다양한 게임을 하면서 정해진 규칙을 지키는 법, 다른 해결책을 찾는 법, 힘을 합쳐 이기는 법, 승패와 상관없이 결과에 깨끗이 승복하는 등을 배운다. 여기서 유대인 부모는 패배를 받아들이는 자세와 이겼을 때 상대방을 배려하는 마음이 중요하다고 가르친다.

어린 시절 사회성이 제대로 발달하지 않으면 학교 폭력이나 왕따 등 학교생활에 어려움을 겪게 된다. 이는 성인이 되어 사회생활을 하는데도 지속적으로 영향을 미친다. 공동체에서 협동과 경쟁을 통해 사회성을 기른 유대인은 어디서나 누구와도 잘 섞이고 어우러진다는 평가를 받는다.

치열한 경쟁으로 우리 아이들 마음이 멍들어 가고 있다. 멀리 가려면 함께 가야 한다. 빨리 가려 해도 함께 가야 한다. 크게 되고자 해도 함께 가야 한다. 아이에게 '함께'라는 가치를 알려 주자. 더불어 한국인으로서 정체성과 자긍심을 심어 주자. 한국인에 대한 자부심을 갖고 함께 밀어주고 끌어주고 뭉칠 때 개개인이 가진 역량은 진가를 발휘할 것이다. 세계라는 무대에서 유대인 못지않은 한국인 네트워크를 기대해 본다.

아이와 함께 실천해 보세요!
1. 아이에게 공동체 생활의 규범을 깨우쳐 주세요.
2. '함께'라는 즐거움과 힘을 느끼게 하세요.
3. 한국인이라는 자긍심을 심어 주세요.

역사 교육을 통해
민족의 긍지를 심어 준다

아이들은 역사 교육을 통해 내가 누구인지,
삶의 목적이 무엇인지, 어디에 서 있는지를 깨닫는다.

유대인의 역사는 아픔과 함께 해왔다. 유대인은 그 아픔을 잊지 않고 기억한다. 다만 용서하자고 한다. 용서하지 않으면 과거에서 벗어나기 힘들기 때문이다. '용서하되 잊지 말자'가 유대인들이 역사의 아픔을 대하는 태도다. 이스라엘에는 '야드 바솀 홀로코스트 박물관'이 있다. 야드 바솀은 '기억'과 '이름'을 뜻하는 히브리어의 합성으로 나치에 희생된 유대인들의 이름을 기억하자는 의미다. 이곳에는 오스카 쉰들러 등 유대인에게 도움을 줬던 사람들을 기리기 위해 그들의 이름을 딴 나무도 고이 심어져 있다. 이곳은 유대인뿐 아니라 전 세계 사람들이 방문해 아픈 시간을 함께 기억하고 있다.

"기억하지 않는 역사는 반복된다." 유대인 대학살 장소인 폴란드 아우슈비츠 수용소에 걸려 있는 글귀다. 유대인은 과거의 치욕을 되풀이하지 않기 위해 뼈아픈 역사를 마음에 새긴다. 유대인이 수천 년간 나라 없이 떠돌면서도 민족성을 잃지 않은 배경 가운데는 이들의 뿌리에 대한 교육이 있다.

유대인에게는 유월절이 가장 큰 명절이다. 모세의 인도에 따라 이집트에서의 노예 생활을 끝내고 이스라엘 땅으로 돌아온 것을 기념하는 것이다. 유대인은 3000년 전 이집트에서 탈출할 때 먹었던 '무교병'이라는 빵과 쓴 나물 등을 함께 먹으며 조상들의 고난을 아이들에게 들려준다. 이러한 교육 덕에 유대인은 고유의 전통과 정신을 대대손손 단절 없이 전달하고 있는 것이다.

뼈아픈 역사를 마음에 새기다

유대인들은 유대인이 겪은 역사를 모르고는 민족의식과 애국심을 가질 수 없다고 생각한다. 그래서 교육 중에서도 역사 교육을 가장 중요시한다. 여성들도 기꺼이 병역의무를 자원하는 애국심의 발로가 바로 이스라엘의 역사 교육에 뿌리를 두고 있다.

유대인 학생이라면 이스라엘 남쪽, 유대 사막 동쪽에 우뚝 솟은 요새 '마사다'란 곳에 가게 된다. '마사다'는 절벽 위에 세워진 마을로, 서기 1세기 예루살렘이 로마군에 점령당하자 유대인들이 결사 항전을 하던 곳이다. 당시 독립 운동가들은 요새 '마사다'에서 끝까지 항전했으나 결국 함락되었다. 로마군이 이 '마사다'를 점령하는 데는 3년이나 걸렸다. 유대인 병사들은 끝까지 노예가 되는 수모를 피하기 위해 가족들과 함께 전원 자살했다.

그들이 목숨을 끊은 과정은 지금까지 회자된다. 유대교에서는 자살을 금지하고 있다. 그 때문에 남편이 부인과 자녀를 살해하고, 제비를 뽑아 남자 10명만 남긴 후 모두 죽였다. 그리고 남은 10명이 제비를 뽑아 9명을 죽이고, 마지막에 한 사람만 자살했다. 이러한 정신을 되새기기 위해 지금도 이스라엘의 군인은 훈련소에서 퇴소할 때 요새에 가서 '다시는 마사다가 함락되게 하지 않을 것'이라고 외친다. 마사다 요새 함락 이후 유대인은 전 세계로 뿔뿔이 흩어졌다. 이후 2000년 동안 나라 없이 이 나라 저 나라를 전전하는 유대인의 디아스포라가 시작되었다. 기독교 문명이던 유럽 사회에서 유대인은 예수 그리스도를 죽인 민족이라 해서 어디서나 차별과 박해를 받았다.

유대인들에게는 직업의 자유도, 주거 선택의 자유도 주어지지 않았다. 살던 곳에서 추방당하기 일쑤였고, 잔인하게 학살당하기도 했다. 흑사병이 퍼진 시기에는 유럽 국가, 그중에서도 특히 독일에서 추방당했다. 유럽 국가들은 유대인들을 쫓아낼 때 땅, 돈, 귀중품을 몰수했다. 유대인들은 늘 새로운 장소로 이주해 밑바닥부터 다시 시작해야 했다. 20세기 중반 독일 나치가 유대인 대학살을 하면서 유대인에 대한 박해는 절정에 달한다. 2차 세계대전을 앞둔 1933년부터 종전 시점인 1945년까지 독일 나치는 유대인 약 600만 명을 학살했다.

나치 치하의 네덜란드에서 살았던 안네 프랑크는 『안네의 일기』에 이렇게 남겼다.

"유대인은 천으로 만든 황색별을 가슴에 달아야만 한다. 유대인은 자전거를 정부에 내놓아야 한다. 유대인은 전차도, 자동차도 탈 수가 없다. 유대인은 오후 3시부터 4시까지 하루에 한 시간밖에 쇼핑할 수가 없는데, 그것도 유대인 상점이라고 씌어 있는 곳에만 갈 수 있다. 그리고 유대인은 밤 8시 이후에는 반드시 집 안에 있어야만 한다."

독일에서 태어난 안네는 4살 되던 해 독일 히틀러 정권의 유대인 탄압이 시작되면서 네덜란드 암스테르담으로 이주했다. 1941년 독일군이 네덜란드를 점령하자 은신처 다락방에 숨어 일기를 쓰기 시작했다. 그리고 1944년 8월 나치에 의해 은신처가 발각되기 사흘 전까지 25개월간 일기를 썼다. 이후 유대인 강제수용소 베르겐베르젠에서 16세의 나이로 세상을 떠났다. 해방되기 2달 전이었다.

역사를 알아야 하는 이유

유대인에게 고난의 역사는 살아 있는 교과서다. 유대인 부모는 자녀들에게 이 사실을 결코 잊어서는 안 된다고 강조한다. 그리고 다시는 이런 일이 반복되지 않도록 해야 한다는 말도 잊지 않는다. 유대인 부모는 TV 보는 것을 가급적 피하는데, 예외가 있다. 유대인의 역사를 눈에 그리듯 보여 주는 다큐멘터리를 보여 줄 때다. 그들은 제2차 세계대전에서 나치에 의해 대량 학살을 당하는 모습이 담긴 다큐멘터리를 여과 없이 아이들에게 보여 준다. 이를 통해 지금 무엇을 해야 하고, 미래를 어떻게 준비해야 하는지 생각하게끔 한다. 아이들은 유대인의 한 구성원으로서 정체성을 인식하고, 삶의 목표를 정립해 가는 것이다.

이러한 역사 교육으로 유대인은 자연스럽게 애국심을 기른다. 이스라엘에 전쟁이 나면 전 세계에 퍼져 있는 유대인 청년들은 나라를 지키기 위해 고국으로 돌아간다. 실제로 1967년 이스라엘과 아랍 국가들 간에 전쟁이 일어났을 때 미국 공항들은 유대인 청년들로 마비가 될 정도였다. 아랍연합국 인구의 40분의 1에 지나지 않는 이스라엘이 승리했다는 점에서 '6일 전쟁'은 전쟁사에 남을 '사건'이었다. 단 6일 동안의 이 전쟁에서 이스라엘은 지배 영토를 4배 이상 늘렸다.

이스라엘 본국에는 유대인이 900만 명밖에 살지 않는다. 그런데 전 세계에 흩어진 디아스포라 유대인의 민족정신은 상상을 초월한다. 그들은 어느 곳에 살고 있든지 수입의 몇 퍼센트를 본국으로 보낸다고 한다. 주변 아랍 국가들에 둘러싸여 있지만, 어떤 국가도 쉽게 이스라엘을 건드리지 못한다. 세계 각국에 흩어져 사는 모든 유대인은 돈이 있는 사람은 돈을, 권력이 있는 사람은 권력을, 지식과 지혜가 있는 사람은 지식과 지혜를 동원해 유대인들을 돕는다. 이것이 유대인의 힘이다. 유대인 부모는 자녀에게 유대인으로서의 긍지와 사명감을 가지라고 가르친다.

유대인은 한 핏줄, 한 민족이라는 정체성이 강하기에 위대한 업적을 이룬 사람이 유대인이라는 이야기를 들으면 매우 자랑스러워한다. 유대인 부모는 아이에게 각 분야에서 일가를 이룬 유대인들에 관해 이야기하면서 유대인이라는 자부심을 느끼게 해준다. 또 뉴스나 이야기 속에 뛰어난 유대계 인물이 나오면 아이들에게 '이 사람은 유대인'이라고 반드시 말해 준다. 그러면 아이들은 그 인물에게 더욱 관심이 생기고, 유대인으로서 자부심도 느끼게 된다. 유대인 아이들은 유대인이라는 긍지와 자부심을 갖고 세상 속에서 자신이 어떤 역할을 맡아야 할지 생각한다.

요즘 우리 아이들에게서 가장 많이 듣는 말이 "공부를 왜 하는지 모르겠어요. 꿈이 없어요."라는 이야기다. 꿈이나 공부하는 목적을 알기 위해서는 먼저 자신의 정체성을 바로 세우는 것이 중요하다. 내가 누구이고, 삶의 목적이 무엇인지, 내가 어디에 서 있는지 좌표를 아는 길이기 때문이다. 정체성이 흔들릴 때 가야 할 방향을 잃고 방황하게 된다. 아이에게 자신이 어디에서 왔고 무엇을 해야 하는지 알려 주는 '뿌리 교육'을 해야 한다. 자기의 뿌리에 대해 잘 아는 아이들은 정체성을 깨닫고 자신이 해야 하는 일과 가고자 하는 목표를 찾는다.

우리도 수난의 역사를 잊지 말고, 미래세대에게 민족의 자긍심을 심어 줘야 한다. 우리는 일본에 36년간 나라를 빼앗겼다. 우리 선조들은 성과 이름을 빼앗기고, 언어와 정신을 무참히 짓밟혔다. 어린 소녀들은 정신대로 끌려가서 위안부가 되었다. 몸이 병들면 산 채로 땅에 묻어버리고, 임신이 되어 아이를 낳으면 자루 속에 담아 죽였다. 우리 민족의 슬픈 역사다.

과거의 쓰라린 역사를 절대 잊지 말고 아이들에게 알려 줘야 한다. 다만 무조건적 증오와 분노에 갇혀서는 미래로 나아갈 수 없다. "용서하되 절대로 잊지 말라."라는 유대인의 가르침을 아이와 함께 곱씹어 보자.

아이와 함께 실천해 보세요!
1. 역사적 사건이 일어난 곳을 견학해 보세요.
2. 한국을 빛낸 역사 인물에 관해 이야기를 나눠요.
3. 한국인의 뛰어난 점을 알려 주고, 한국인이라는 긍지를 심어 주세요.

AI 시대에 다양한 외국어를 배워야 하는 이유

어릴 때부터 다양한 외국어를 접할 수 있는 환경을 만들어 주자.
외국어는 다양한 문화를 경험하는 창이다.

최근 AI 통·번역 기술이 비약적으로 발전하면서 이런 질문이 나온다. "AI 인공지능 시대에 외국어 공부가 필요한가요?" 실제로 통·번역 기술이 하루가 다르게 발전을 거듭하고 있다. 책과 같은 문서 번역은 물론, 말하는 즉시 음성을 인식해 상대방의 언어로 전달하기까지 한다. 정확성이 다소 떨어지는 건 결국 시간이 해결할 문제라는 시각이 지배적이다. 그렇게 되면 굳이 외국어를 배우기 위해 노력하지 않아도 되고, 외국어를 잘해 누렸던 일종의 사회적 특권도 사라질 것이다. 세계 공용어라는 영어의 위상도 무의미해질 수 있다. 그럼 정말 영어를 비롯한 외국어는 배울 필요가 없을까? 여기에 중국 알리바바의 마윈 회장은 이런 답을 내놓는다.

"언어는 문화입니다. 사람들은 언어를 배우면서 그 나라에 대한 문화를 이해하기 시작합니다. 문화를 인정하고 존경하면, 그들 또한 여러분을 인정하고 존경하게 되는 겁니다. 그제야 일을 함께할 수 있는 것입니다. 저는 어릴 때 유학 한 번 한 적이 없지만 해외에서 유학한 사람보다 서양 문화를 더 잘 이해한다고 생각합니다. 나는 언어를 통해 문화를 배웠습니다."

AI 통·번역기가 제아무리 발달한다 해도 외국어 능력은 여전히 힘이다. 예를 들어 영화관에서 할리우드 영화를 볼 때 자막을 보면 이해는 간다. 하지만 실제 영어를 이해하고 보는 사람과 그 재미의 차이는 비교할 수 없을 정도다.

언어는 다른 나라의 문화를 이해하게 해주는 다리 역할을 한다. 나아가 사람은 감성을 가진 동물이다. 인공지능이 제아무리 발전한다 해도 자연스럽게 자신과 모국어로 이야기할 수 있는 사람에게 관심과 호감을 느낄 수밖에 없다. 외국인이 우리나라 말을 한마디만 해도 급격히 호감이 생기는 것이 인지상정이다. 1963년 존 F. 케네디 미국 대통령도 독일어 한 문장으로 인생 최고의 연설을 남겼다.

"2000년 전 가장 훌륭한 자랑거리는 '나는 로마 시민이다.(Civis Romanus sum)'였습니다. 이제 자유세계에서 가장 훌륭한 자랑거리는 나는 베를린 시민입니다(Ich bin ein Berliner)."

이 연설은 소련의 지원 아래 베를린 장벽이 세워진 후 동독이 언제 자신들을 침략할지 모른다는 불안을 안고 있던 서베를린 시민들을 격려하기 위한 것이었다. 독일어로 외친 이 한마디는 그 어떤 말보다 독일인들의 가슴에 자유의 열망을 심어 주었다. 이 말을 번역기가 대신했다면 어떤 감동이 있었을까. 유난히 친근한 느낌을 주는 버락 오바마 전 미국 대통령도 한국을 방문할 때마다 곧잘 쓰던 말이 있다. "같이 갑시다." 디지털 시대에 아날로그적 감수성이 더욱 주목받듯 외국어 역시 같은 맥락에서 자기만의 무기가 될 것이다.

외국어 교육만큼은 빠를수록 좋다

유대인은 2000년 넘게 나라 없이 유랑 생활을 한 민족이다. 언제든 쫓겨날 수 있었기에 늘 아이들과 지도를 보며 더 나은 곳을 찾았다. 세계화 시대를 맞이하기 훨씬 전부터 이들은 세계를 무대 삼아 삶을 개척했다.

어느 나라에서나 적응할 수 있는 능력을 갖춰야 했기에 이들은 아주 어려서부터 외국어 교육을 시켰다. 다른 나라에서 터전을 잡는 데 가장 큰 장벽은 언어다. 언어를 얼마나 빨리, 잘 배우느냐는 성공 여부를 가리는 핵심 요소다. 언어는 소통이자, 그 나라의 문화, 역사, 가치관, 생활습관 그 모든 것을 의미한다. 이들에게 외국어는 생존과 직결된 문제였다. 덕분에 유대인은 언어 능력이 매우 뛰어나다. 대다수 유대인은 두세 개의 언어를 모국어처럼 여기고, 대학 교육을 받은 사람은 적어도 3~4개 언어를 구사한다.

유대인은 외국어 교육만큼은 철저히 조기교육을 한다. 무엇보다도

'적기교육'을 중시하지만 외국어만큼은 예외다. 외국어는 어릴 때 배울수록 효과적으로 잘 배울 수 있다고 생각하기 때문이다. 이들은 히브리어는 물론이고 영어, 프랑스어, 독일어 등 다양한 언어를 가르친다. 집에서도 다양한 언어를 구사함으로써 자연스럽게 외국어에 노출되도록 하는 것이 유대인 언어교육법이다.

유대인 정신분석학자 프로이트의 어머니도 아들이 어릴 때부터 외국어를 가르쳤다. 덕분에 그는 라틴어, 그리스어, 프랑스어, 독일어 등을 자유자재로 구사했다. 그의 어머니는 그가 열 살 때 라틴어의 어미변화와 문법을 벽에 붙여놓고 외우게 했다. 프로이트는 벽을 치며 방안을 빙빙 돌면서 공부했다고 한다.

유대인 부모는 외국어를 가르칠 때도 아이가 흥미를 느끼는 것을 최우선순위에 둔다. 아이들은 다양한 놀이와 노래, 만화영화 등을 통해 외국어를 접한다. 또 세계 지도를 펴놓거나, 종이로 세계 지도를 만들면서 세계를 머릿속에 입력하고 여러 나라에 관심을 보인다.

아이가 말을 시작할 무렵이면 유대인 부모는 매일 히브리어로 된 기도문을 읽어 준다. 그리고 아이가 세 살이 되면 글자를 가르친다. 이 역시 아이에게 배움은 즐거운 일로 느낄 수 있도록 알파벳 과자를 꿀에 찍어 먹는 의식과 함께 글자 공부를 한다. 유대 아이들은 초등학교에 들어가면 대개 2~3개의 언어를 배운다.

외국어가 꼭 필요한 상황에 놓이는 것만큼 언어 학습에 원동력이 되는 것은 없다. 이스라엘은 영어 사용이 많다. 이스라엘 사람들은 영어로 제작된 프로그램들을 더빙 없이 히브리어 자막과 함께 본다. 어린이 만화도 마찬가지다. 또 영어로 된 음악을 많이 듣기 때문에 이스라엘 사람들은 영어 발음과 기본 표현 등을 자연스럽게 익힌다. 또 먼 친척까지도 가족이라는 의식을 가진 유대인은 여러 나라에 흩어져 사는 친척들과도 만남이 잦아 아이들은 서로 대화가 통하려면 언어를 배워야 한다는 것을 경험으로 깨닫는다.

여행을 유난히 좋아하는 유대인은 여행을 떠나기 전 아이에게 그 나라 언어를 몇 마디 가르친다. 그리고 아이가 그 나라 사람들과 직접 대화하도록 독려한다.

이렇게 유대인은 어릴 때부터 다양한 외국어가 필요한 환경을 만들어 준다. 무엇이든 직접 경험하며 배우는 것이 좋다고 생각하기 때문이다. 다양한 문화를 가진 이들과 외국어로 대화하는 경험은 세상에 대한 호기심과 열린 마음을 길러 준다. 유대인은 또 대체로 외향적이고, 일상에서 실수하는 것에 대해 두려움이 크지 않다. 따라서 누구에게나 다가가 스스럼없이 대화할 수 있는 이들의 성향 또한 다양한 외국어를 배우는 데 도움이 된다.

외국어는 다른 문화를 이해하는 도구

유대인 전통 학습법인 '하브루타'는 외국어를 공부할 때도 유용하다. 몸을 자유롭게 움직이면서 소리 내어 읽고, 친구와 함께 연습한다. 학습 파트너와 대화를 하다 보면 내가 어떤 부분에 강하고, 어떤 부분을 보완해야 할지 알게 된다. 나아가 소리 내어 읽으면 집중력과 기억력이 한층 좋아진다. 목소리, 입, 혀, 귀, 눈과 관련된 운동 근육이 뇌의 운동 부분을 활발히 자극하기 때문이다. 몸을 흔들흔들 자유롭게 움직이는 것도 뇌를 즐겁게 한다. 이들은 입에서 저절로 나올 만큼 숙달될 때까지 소리 내 읽고, 또 읽는다. 장소도 가리지 않는다. 길을 걸으면서 혼자 웅얼거리기도 하고, 친구와 번갈아 가면서 읽기도 한다. 눈을 감고 외운 것을 확인하기도 한다.

옥스퍼드 이코노믹스는 4차 산업혁명 시대에 필요한 역량으로 '글로벌 경영 능력'을 꼽았다. 옥스퍼드 이코노믹스가 정의한 글로벌 경영 능력이란 다양한 국가, 문화적 배경을 가진 직원들을 통솔할 수 있는 능력, 세계 시장에 대한 이해 능력, 외국어 능력, 문화적 감수성 등을 말한다. 언어는 다양한 문화의 창을 여는 도구다.

7개의 언어를 구사해 '언어 천재'로 불리는 조승연 작가는 '4차 산업혁명 시대에 우리의 영어 공부는 읽고 쓰는 공부가 아니라 진정한 소통을 위한 영어 공부가 돼야 한다'고 목소리를 높인다.

"과거 우리는 짧은 시간 안에 부강한 나라를 만들기 위해서 영어를 배웠습니다. 지식인은 영어책을 읽을 수 있는 사람이라는 인식이 있었지요. 하지만 문서와 논문을 읽는 것은 AI가 제일 잘하는 일입니다."

유대인의 저력은 미래를 향하는 교육법에 있다 해도 과언이 아니다. 전문가들은 앞으로 일을 하는 데 있어 국가 경계가 빠르게 허물어질 것으로 전망한다. 이에 따라 세계의 다양한 문화를 이해하고, 소통하는 것이 더욱 중요해질 것이다. 영어를 비롯한 외국어는 세계 각국의 문화를 이해하고 받아들이는 도구다. 이제 외국어는 시험을 위한 단기 투자가 아니라 소통을 위한 장기 투자 개념으로 접근해야 한다. 한

나라의 문화를 익히고, 언어 배우는 것을 즐기는 아이가 미래를 이끌어 간다.

아이가 외국어라는 창을 통해 다양한 문화를 경험하고, 사고의 폭을 확장해 나갈 수 있도록 도와주자. 아주 힘껏!

아이와 함께 실천해 보세요!

1. 아이에게 외국어를 배우면 좋은 점을 알려 주세요.
2. 아이가 언어를 통해 그 나라 문화를 알 수 있도록 도와주세요.
3. 아이가 외국어를 공부가 아닌 놀이로 여길 수 있도록 유도하세요.

"실수해도 괜찮아."
실패를 두려워하지 않는 아이가 새로운 것을 만들어 낼 수 있다.

역경은
아이를 강하게 한다

- 유대인 역경 교육 -

괴테는 고난을 이렇게 해석했습니다. "어려운 날들이 우리를 더욱 강하고 단단하게 만들어 준다. 고난의 시대에 태어난 것은 천재에게는 행운이다. 천부적인 능력을 발휘해 시대의 고난을 떨쳐내고 새로운 시대를 열 수 있는 무대가 주어지기 때문이다."

유대인 부모는 모든 것을 주기보다 어느 정도의 결핍을 바탕으로 역경 교육을 합니다. 이를 통해 자립심과 문제해결력을 키우고자 함입니다. 어차피 마주해야 할 운명이라면 웃으며 헤쳐 나갈 수 있게 유머 감각을 길러 주고, 힘들어도 낙관할 수 있도록 매사에 감사하는 마음을 갖게 합니다.

4차 산업혁명 시대엔 한 가지 직업을 가지고 평생을 살아갈 수 없습니다. 여러 직종을 거쳐야 하는 만큼 어떤 실패나 역경에도 굴하지 않으며 스스로 살아가는 힘이 중요해요. 아이를 사랑한다면 역경을 선물해 보세요.

유머 감각은
삶의 무기

현명한 사람은 잘 웃는다.
어차피 마주해야 할 일이라면 웃으면서 헤쳐 나가는 것이 지혜롭다.

정신과 의사이자 유대인이었던 빅터 프랭클 박사는 제2차 세계대전 당시 3년 동안이나 아우슈비츠에서 수감생활을 했다. 언제 죽어도 이상하지 않을 죽음의 공포 속에서 그는 수감자의 심리 상태를 분석하고 또 기록했다. 그렇게 펴낸 책이 지금도 꾸준히 사랑받는 『죽음의 수용소에서』다. 그는 지옥과 같은 상황에서도 어떤 사람들은 '시련을 가치 있는 것'으로 승화해서 이겨내는 것을 발견했다. 프랭클 박사는 그들을 지탱하는 몇 안 되는 실존적 '기적' 중 하나로 유머를 꼽았다. 그는 이렇게 회상했다.

"유머는 자신과의 싸움에서 이기기 위한 또 다른 영혼의 무기였다. 단 몇 초에 지나지 않는 것이라도 인간에게 다시 일어설 수 있는 초연함과 능력을 부여해 주었다."

수천 년간 모진 고난과 핍박을 견딘 유대인에게도 유머는 '삶의 무기'였다. 벼랑 끝 나락으로 떨어져도 유대인은 특유의 해학과 위트로 역경을 견뎌낸다. 풍랑에 부서질 것 같은 배에서도 유대인은 비관하거나 절망하지 않는다. 비바람에 사로잡히면 꼼짝달싹하지 못하지만 별일 아닌 듯 무심히 갈 길을 가다 보면 잔잔한 날이 온다. 비바람 속을 묵묵히 걸어갈 때 유머는 큰 힘이 되어 준다. 유대인은 어차피 마주해야 할 운명이라면 웃으면서 헤쳐 나가는 것이 지혜롭다 생각한다.

유대인 몇 명이 모이면 대개 유머가 오간다. 유대인에게 유머는 생활이자 지혜의 산물이다. 만물의 영장이라 일컬어지는 인간과 동물의 차이 중 하나가 인간은 웃을 줄 안다는 것이다. 히브리어로 유머를 뜻하는 '호프마'는 '지혜'란 뜻도 가지고 있다. 유대인들은 유머가 없는 사람에게는 "머리를 숫돌에 갈아야겠다."라고 말한다. 칼이 날카로워야 예리하게 잘 들 듯, 머리도 연마해야 좋은 유머가 나온다고 여긴다.

실제로 유머처럼 번뜩이는 재치와 창의성이 요구되는 분야도 드물다. 유대인에게 '지혜의 보고'라 불리는 『탈무드』에도 유머가 풍성하게 담겨있다. 『탈무드』의 유머는 한 번 들어서는 이해하기 힘든 유머가 많다. 몇 번을 곱씹고 생각해야 웃음이 나는 『탈무드』식 유머는 가히 지혜라 부를 만하다.

어느 왜소한 청년 유대인이 캐나다 알래스카에 있는 제재소에 벌목공으로 취업을 지망했다. 감독관은 덩치도, 키도 작은 청년을 불만이 가득한 눈으로 보았다. 일단 급한 불을 끄자는 생각에 조건부로 청년과 계약을 맺었다. 그런데 예상외로 너무도 벌목을 잘하는 것이었다.

감독관이 물었다.

"자네는 여기 오기 전 어디서 벌목을 했는가?"

"예, 사하라에서 했습니다."

"아니 뭐라고? 사하라는 사막이 아닌가?"

"예, 제가 벌목을 다 하는 바람에 사막으로 변하고 말았지요."

"그래? 하하하!"

왜소한 자신을 무시한 상관을 웃게 만들어 자기편으로 만든 유대인 청년의 유머다.

영화 〈인생은 아름다워〉는 제2차 세계대전 당시 유대인 수용소에 갇힌 아버지 '귀도'가 아들을 지켜내는 과정을 그려낸다. 귀도는 조슈아가 수용소의 비참한 현실을 보고 충격을 받을까 봐 갖은 노력을 다해 이를 감추려고 한다. 귀도는 조슈아에게 "지금 우리는 재미있는 게임을 하는 것"이라며 "최초로 1천 점을 따는 사람이 1등이 되어 탱크를 선물로 받는다."고 거짓말을 한다. "조슈아, 만일 울거나 말을 듣지 않고 소리를 지르면 점수가 깎이고, 조용히 지내 나치에게 잡히지 않으면 1천 점을 얻는단다."

그러나 귀도에게도 죽음의 순간이 오고야 만다. 그는 가스실로 끌려가면서도 자신을 보고 있을 아들을 위해 장난감 병정 흉내를 내며 걸어간다. 마지막 순간까지 환한 웃음을 지으면서 말이다. 살아남은 조슈아는 미군 탱크가 수용소를 해방하자 자신이 게임의 승리자가 되었다고 믿고 함박웃음을 짓는다. 어른이 된 조슈아는 아버지의 유머 덕분에 끔찍한 상황을 모른 채 살아남은 것을 알게 된다. 웃음과 유머는 삶이 고될수록 앞으로 나아갈 힘을 준다.

유머로 장애물을 넘을 수도 사람의 마음을 얻을 수도 있다

"환하게 웃는 자만이 현실을 가볍게 넘어설 수 있다. 맞서 이기는 게 아니라 가볍게 넘어서는 것이 중요하다." 니체의 말이다. 웃음은 눈앞의 상황에 매몰되지 않고 장애물을 넘어서 다른 가능성으로 나아가게 한다. 유대인 부모는 아이에게 어려움에 부닥칠 때 유머를 사용하라고 가르친다. 그러면 심각하거나 불편한 상황에서 한 걸음 떨어져 보게 된다. 상황에 매몰되지 않는 법을 알려 주는 것이다. 유머를 아는 아이는 낯선 환경에도 경직되지 않고 늘 여유와 유연성이 있다. 유머는 아이에게 긍정적이고 낙천적인 마음을 길러 준다.

유머는 또한 창의력의 원천이다. 유머는 기본적으로 엉뚱함과 역발상에서 나온다. 그래서 창의력이 뛰어난 사람이 유머 감각이 뛰어나다. 거꾸로 유머를 하다 보면 창의력이 자라기도 한다. 지적인 유머를 구사하는 사람들을 보면 만물 박사가 많다. 인생 경험을 다양하게 해석하고 비틀면 유머에서도 창의력을 발휘하는 것이다. 랍비 마빈 토케이어는 유머가 가지는 '의외성'이 창의성의 기초가 된다고 했다. 전혀 예측하지 못한 생각을 하고, 고정관념을 깨야 유머가 나온다. 유연하고 자유로운 사고에서 유머도, 창의력도 샘솟는다.

아인슈타인은 노벨물리학상을 받는 자리에서 유머의 위대함을 찬양했다. "나를 키운 것은 유머였고, 내가 보여 줄 수 있는 최고의 능력은 조크였다. 세상 사람들은 규칙을 지키는 것이 가장 중요한 가치라고 생각하지만, 나는 반대로 규칙을 뒤집었을 때 우리에게 가장 필요한 새로운 규칙이 탄생할 것이라고 믿는다." 유대계 금융재벌 로스차일드 또한 유머가 자신의 무기였다고 말한다. 유대인들은 유머를 고도의 지적 행위로 받아들이기에 유머 감각을 기르는 데 소홀히 하지 않는다.

유머 감각 있는 아이가 또래들 사이에서 인기도 많다. 유대인 부모는 유머를 통해 사람의 마음도 얻을 수 있다고 가르친다. 유머 감각이 있는 아이는 대개 언어능력이 뛰어나고, 대인관계에서도 자신감이 있다. 재미있는 사람과 더 오래 함께하고 싶은 마음은 인지상정이다. 유머는 사람을 끄는 매력 자본이다. 역사적으로 사람들 뇌리에 남는 리더는 대개 유머 감각이 탁월했다. 엉뚱한 이야기로 아이들을 웃기는 아이가 미래를 이끌어가는 창의적 리더가 될 수 있다.

대표적 감성 리더 레이건 전 미국 대통령은 늘 여유 있는 유머로 국민에게 웃음을 선사했다. 1981년 정신이상자 존 힝클리가 쏜 총에 가슴을 맞고 병원에 실려가면서도 농담을 잊지 않았다. "여보, 총알이 날아올 때 납작 엎드리는 걸 깜빡했어. 영화에선 잘했는데 말이야." 몰려든 의사들에겐 "당신들이 모두 공화당원이었으면 좋겠다."고 말한 것이 알려지면서 그의 지지율은 83%까지 올라갔다. 그다음 해에 지지율이 32%까지 떨어지자 레이건은 걱정하는 보좌관들에게 이렇게 말했다. "걱정하지 말게나. 그까짓 지지율, 다시 한 번 총 맞으면 될 것 아닌가?"

잘 웃는 아이는 건강하다. 유대인 부모는 잘 웃지 않거나 밥을 잘

먹지 않는 아이, 자주 아픈 아이에게 유머라는 처방전을 쓴다. 실제로 사람의 뇌는 한 번 크게 웃을 때마다 엔도르핀을 포함한 21가지 쾌감 호르몬을 쏟아낸다. 그중 엔케팔린이란 호르몬은 진통제로 잘 알려진 모르핀보다 300배나 강한 통증 완화 효과를 낸다. 1분간 웃으면 10분 동안 에어로빅을 한 것과 같다. 혈압이 떨어지며 심장혈관과 폐 기능은 활성화된다. 병원에서도 포기한 악성 척수염 환자였던 미국 작가 노먼 커슨은 코미디 프로그램을 보고 웃으면서 통증이 사라졌다. 그는 저서 『환자가 느끼는 병의 해부』에서 유머를 "해로운 감정으로 인한 질병을 예방하는 방탄조끼"라 불렀다.

"웃음은 암도 고치는 명약이다. 웃음을 모르면 지식이나 지혜도 보잘것없게 된다. 웃음은 낙관이며 또한 여유다. 웃을 여유가 없는 사람은 궁지에 몰려서 몸이 움츠러들고 만다. 웃음은 지성을 가는 숫돌이기도 하다. 웃음을 유발하는 유머나 위트, 조크는 사물의 진면목에서 약간 벗어나서 바라봐야 창출할 수 있다. 그래서 유머를 이해하려면 재빠른 두뇌 회전, 폭넓은 지식과 연상력, 그리고 끊임없는 훈련이 요구된다."
–랍비 마빈 토케이어

인생은 길고 긴 역사의 찰나에 불과하다. 우리는 삶 자체를 선택할 수는 없지만, 삶을 대하는 방식은 선택할 수 있다. 순풍에 돛 단 듯 순조로운 절정기도 있고, 비바람이 휘몰아칠 때도 있다. 순항할 때 자만하지도, 역경 속에서도 낙심하지 않는 평상심이 필요하다.

잘 나갈 때는 유머로 자신을 낮출 줄 알고, 실패했을 때는 유머로 상황을 이겨내는 법을 아이에게 알려 주자. 오늘부터 아이와 서로를 웃겨 보는 건 어떨까. 아이의 유머가 재미없더라도 박장대소해 주자. 어느 순간 아이는 유머에 자신감이 생길 것이다. 유머는 삶의 지혜이자 역발상, 창의력의 원천이다. 건강한 삶의 동반자다. 유머를 아는 아이는 인생길을 웃으면서 걸어갈 것이다.

"모든 생물 중에서 인간만이 웃는다. 인간 중에서도 현명한 사람일수록 잘 웃는다."

-『탈무드』

아이와 함께 실천해 보세요!

1. 어려울 때일수록 웃어야 한다고 가르치세요.
2. 아이의 유머가 이해되지 않더라도 최선을 다해 웃어 보세요.
3. 함께 유치한 놀이를 하면서 유머 감각을 기르세요.

아인슈타인의 유머

기차 여행 중이던 아인슈타인이 자신의 기차표가 없어진 사실을 알았다.

그때 차장이 승객들의 승차권을 검사하고 있었다.

표를 검사하던 차장이 아인슈타인에게 말했다.

"선생님이 누구인지 잘 압니다. 틀림없이 표를 사셨을 겁니다. 걱정 마세요."

아인슈타인은 빙그레 웃으며 고개를 끄떡이고 고맙다는 표시를 했다.

그러나 이 위대한 물리학자는 바닥에 엎드려 좌석 아래를 살피기 시작했다.

차장은 "박사님, 걱정하실 것 없다니까요. 전 선생님이 누구인지 잘 알고 있습니다."라고 거듭 말했다.

그러자 아인슈타인이 말했다.

"내가 누군지는 나도 알아요. 그런데 내가 지금 어디로 가는 길이었는지 모르겠단 말이요."

아침에 눈을 뜨면
감사부터 한다

이 세상에서 가장 행복한 사람은 누구인가?
그 사람은 자기가 가진 것으로 만족하고 감사하는 사람이다. 행복은 감사하는 사람의 것이다.

"만일 한 손을 다쳤으면 두 손을 다 다치지 않은 것을 하나님께 감사하라. 만일 한쪽 발을 다쳤으면 두 발을 다 다치지 않은 것을 하나님께 감사하라. 두 손과 두 발을 다 다쳤다 해도 목이 부러지지 않은 것을 하나님께 감사하라. 만일 목이 부러졌다면 그다음엔 염려할 것이 조금도 없다. 하나님이 천국에서 맞아 주실 테니까."

『탈무드』에 나오는 내용이다. 유대인 부모는 아이에게 항상 감사한 마음을 잊지 않도록 일깨운다. 유대인은 아침에 눈을 뜨자마자 침대에서 '모데 아니'라는 기도를 한다. '나는 감사드립니다.'라는 뜻이다. 새로운 아침을 맞게 해주신 신께 감사드리는 것이다. 유대인이라면 이 닦는 것을 배우기 전에 이 기도부터 배운다. 유대인이 처음으로 배우는 기도이자, 죽을 때까지 하는 것이 바로 이 감사 기도다.

유대인이 수많은 고난과 역경 속에서도 삶을 낙관할 수 있었던 것은 감사의 힘 덕분이다. 유대인은 하루 세 번 식사 때마다 음식에 대한 감사를 잊지 않는다. 『탈무드』에 나오는 '아담의 빵'이라는 이야기를 보면 이들이 얼마나 감사한 마음을 갖고 사는지 알 수 있다.

"최초의 인간 아담은 빵 하나를 만들어 먹기 위해 얼마나 많은 일을 해야 했던가? 먼저 밭을 갈고, 씨앗을 뿌리고, 잡초를 뽑고, 곡식을 거두어들이고, 빻아서 가루로 만들고, 반죽하고 굽는 등의 과정을 거쳐야 했다. 그런데 지금은 돈만 있으면 빵집에 가서 만들어 놓은 빵을 얼마든지 사 올 수 있다. 옛날에는 한 사람이 해야 했던 여러 단계의 일을 지금은 많은 사람이 나누어서 한다. 그래서 빵을 먹을 때도 많은 사람에게 감사하는 마음을 가져야 한다." 유대인들은 주어진 일상, 주변의 모든 데서 감사할 거리를 찾는다.

감사의 힘

감사의 힘은 강력하다. 매사에 감사할 때 우리는 좋아하는 일에 집중하는 법을 배울 수 있다. 오프라 윈프리는 굴곡진 삶을 극복한 시대의 아이콘이다. 그녀는 가난한 미혼모에게 태어나 할머니 손에 자랐다. 열네 살에 삼촌에게 성폭행을 당했고, 14세 어린 나이에 임신을 하고 미혼모가 되었다. 아이는 태어난 지 2주 만에 죽고 마는데, 그 충격으로 마약과 알코올에 의지해 하루하루를 지옥같이 살았다. 삶에 대한 의지가 없고 몸무게가 107kg이었던 그녀가 전 세계 시청자를 울리고 웃기는 토크쇼의 여왕으로 다시 태어난 것은 감사 일기 덕분이었다. 그녀는 세상에서 가장 바쁜 사람 중 한 명이지만 수십 년째 하루도 빼먹지 않고 감사 일기를 쓰고 있다. 오프라 윈프리가 직접 쓴 유일한 책 『내가 확실히 아는 것들』에서는 이렇게 말했다.

"항상 감사한 마음을 갖기는 쉽지 않다. 하지만 당신이 가장 덜 감사할 때가 바로 감사함이 가져다줄 선물이 가장 필요할 때다. 감사하면 내가 처한 상황을 객관적으로 멀리서 바라보게 된다. 그뿐만 아니라 어떤 상황이라도 바꿀 수 있다. 감사한 마음을 가지면 당신의 주파수가 변하고 부정적 에너지가 긍정적 에너지로 바뀐다. 감사하는 것이야말로 당신의 일상을 바꿀 수 있는 가장 빠르고 쉬우며 강력한 방법이라고 나는 확신한다."

그녀는 '오늘도 거뜬히 잠자리에서 일어날 수 있어 감사합니다.', '유난히 눈부시고 파란 하늘을 볼 수 있게 해 주셔서 감사합니다.'와 같은 감사 일기를 쓴다. 이를 통해 그녀는 인생에서 가장 소중한 것과 삶의 초점을 어디에 맞추고 살아야 하는지를 알게 되었다고 고백한다.

배운 것이 많지 않은 평범한 유대인 어머니가 자식을 대단히 훌륭히 키웠는데, 그 비결 또한 감사하는 습관이었다.

첫째, '어떤 경우든 모든 일에 감사하라. 작은 일에든 큰일에든 감사하는 사람이 되어라. 심지어 어려운 일이 닥쳐도 원망이나 불평하지 말고 그저 감사하라. 항상 감사하라.' 즉 감사를 습관화시켰다. 둘째, '원망하는 사람과 놀지 말고 사귀지 마라.' 원망과 불평은 전염이 된다. 성공하는 인생을 살고 싶다면 원망하는 사람과 사귀지 말아야 한다. 셋째, '감사하는 사람과 친하게 지내라. 감사하는 사람과 함께하라.' 어머니는 불평과 원망을 하는 대신 감사를 선택하라고 가르쳤다. 행복은 감사의 문으로 들어오고 원망과 불평의 문으로 나간다는 삶의 지혜를 알려 준다.

실제로 미국 심리학자들은 오랜 연구 끝에 감사의 과학적 근거를 내놓았다. 감사는 사랑과 공감 같은 긍정적 감정을 느끼는 뇌 좌측의 전전두피질을 활성화해 스트레스를 줄여 주고 행복하게 해 준다는 내용이다. 생리학적으로 감사는 스트레스 완화제로 분노나, 화, 후회 등 불편한 감정들을 덜 느끼게 한다.

UC데이비스의 심리학 교수인 로버트 에몬스는 "감사하는 사람은 훨씬 생기 넘치고, 매사에 적극적이고 열정적이며, 다른 사람들과 더 맞닿아 있다고 느낀다."라고 말했다. 에몬스 교수는 한 그룹에는 감사 일기를 쓰도록 하고 다른 그룹에는 아무 사건이나 적도록 했다. 한 달 후, 감사 일기를 쓴 사람 중 4분의 3은 행복지수가 높게 나타났고, 수면이나 일, 운동 등에서 더 좋은 성과를 나타냈다. 뇌의 화학구조와 호르몬이 변하고 신경전달 물질들이 바뀐 것이다.

성공이나 돈 버는 법보다 낙관하는 방법을 가르쳐라

감사하면 긍정적인 사고방식을 갖게 된다. 일본 대기업 파나소닉의 창업자 마쓰시타 고노스케는 자신의 성공 비결로 가난과 허약한 몸, 그리고 못 배운 것을 꼽았다. 가난 때문에 남보다 부지런히 일했고, 몸이 허약했기 때문에 건강의 소중함을 알아 몸을 아꼈다. 그리고 못 배웠기 때문에 세상의 모든 사람을 스승으로 만들어 배우는 데 힘썼다는 이야기다.

　감사는 상황을 긍정적으로 재해석하는 힘을 길러 준다. 그리하여 똑같은 상황도 긍정적으로 바라볼 수 있도록 돕는다. 유대인 부모는 감사하는 습관을 길러 줌으로써 행복하면서도 긍정적인 아이로 기른다.

　『탈무드』에는 이런 말이 있다. "신은 명랑한 사람에게 복을 내린다. 낙관은 자신뿐만 아니라 다른 사람도 밝게 만든다." 유대인 부모는 아이에게 감사만큼이나 낙관을 강조한다. 유대인들이 2000년 넘게 가혹한 외부의 박해에도 굴하지 않고 생존해 정체성을 지켜온 것은 다름 아닌 낙관주의적인 민족성 때문이다. 유대인 부모는 힘든 상황이 와도 '다 잘될 것'이라는 믿음을 아이에게 심어 준다. 이들은 하루하루를 즐겁고 행복하게 보내야 한다고 아이들에게 가르친다. 오늘 하루가 모이고 모여 인생이 되기 때문이다.

　여기서 유대인이 말하는 '하루'는 일반적인 개념과 차이가 있다. 보통 하루는 아침부터 저녁까지의 시간을 뜻하지만 유대인은 정반대로 해가 지는 순간부터 하루가 시작된다고 본다. 밝게 시작해서 어둡게 끝내는 것보다 어둡게 시작해서 밝게 끝내는 것이 훨씬 더 낫다고 생각하기 때문이다. 이러한 사고방식은 유대인의 낙관주의를 상징하는 예라고 할 수 있다.

　유대인 부모는 낙관적인 모습을 몸소 보여 준다. 『유대인 엄마의 힘』의 저자 사라 이마스의 아버지는 어렸을 적 그의 아버지 역시 어떤 역경이 닥쳐도 시종일관 미소로써 이겨내는 모습을 보여 주었다고 회상한다. 그녀의 아버지는 나치의 박해를 피해 상하이까지 무일푼으로 도망쳐 왔지만 유대인 특유의 낙관주의와 지혜로 장사를 시작해 자수성가했다. 아버지는 바쁜 가운데서도 사라 이마스에게 낙관주의를 가르치기 위해 온 힘을 다해 노력했다.

아버지는 종종 그녀에게 이런 말씀을 하셨다. "사라야, 어쩌면 좌절할 때마다 네가 이 세상에서 가장 불행한 사람이라는 생각을 하게 될 거야. 하지만 그럴 때마다 너보다 힘들게 사는 사람을 보면 그나마 네 처지가 얼마나 다행인지 여기게 되겠지. 그림자가 없는 곳에선 빛을 느낄 수 없듯이 불행이 없으면 행복도 느낄 수 없는 거란다."

프로이트 이후 가장 주목받는 심리학자 마틴 셀리그먼은 자녀가 행복하게 살길 원한다면 성공이나 돈 버는 방법이 아닌 어떤 상황이 닥쳐도 낙관할 것을 가르쳐야 한다고 충고한다. 우리나라 청소년의 대부분이 우울감을 느낀 적이 있거나 자살을 생각해 본 적이 있다고 한다. 무한 경쟁 속에서 어른 못지않게 아이들도 마음의 병이 깊다.

아이에게 필요한 것은 체력과 지력뿐만이 아니다. 행복을 위해서는 자기 마음을 지킬 수 있는 심력心力이 필수적이다.

아이에게 겨울에 추위를 이겨내면 봄이 오고, 꽃이 피고 열매가 맺힌다는 것을 알려 주자. 어떤 상황에서도 아이가 할 수 있는 최선의 해결책을 찾을 수 있도록 도와주자. 그리고 부모부터 아이에게 모범을 보이자. 아이에게 '할 수 있다'는 믿음을 심어 주자. 그리고 또 하나, 아이의 눈에 '감사 렌즈'를 선물하자. 아이와 함께 우리가 당연히 여기는 햇빛, 공기, 가족들, 친구들에 대한 감사함을 이야기해 보자. 감사할 거리를 찾아서 감사하는 습관을 기르면 감사할 일이 더 많아진다. 마음이 단단한 아이는 주변에 휘둘리지 않고 하루하루 즐겁고 행복하게 살아갈 것이다.

아이와 함께 실천해 보세요!

1. 매일 감사할 거리를 찾아보세요. 생활 속 감사를 통해 내가 행복한 사람임을 깨닫게 하세요.
2. 감사한 사람에게 감사한 마음을 표현하세요. 감사한 마음을 주고받으면 친밀감이 더해져요.
3. 감사를 깨달을 때마다 감사 저금통에 동전을 넣어 보세요.

랍비 아키바의 '감사'

존경받는 랍비 아키바가 멀리 길을 떠났다. 책을 보기 위한 등잔불과 시간을 알려주는 수탉과 먼 길을 타고 갈 나귀와 성경인 『토라』를 가지고 출발했다. 여행 중에 날이 저물어서 한 마을에 들어갔다. 한 집의 문을 두드리면서 "하룻밤 좀 자고 가십시다"라고 부탁했지만 거절당했다. 모든 집이 다 거절했다. 언제나 감사만 하는 아키바는 "모든 것을 항상 좋게 하시는 하나님께서 내가 방에서 자는 것보다 노숙하는 경우에 더 유익을 줄 것이다." 하는 마음을 가지고 오히려 감사하며 마을 바깥에서 잠을 잤다. 밖에서 노숙을 하자니 잠이 오지 않아서 성경을 읽으려고 등불을 켰다. 갑자기 바람이 불어와서 불을 꺼버렸다. 아키바는 "모든 것을 항상 좋게 하시는 하나님께서 불을 켜고 책을 보는 것보다 불 끄고 자는 것이 더 유익하게 해주실 거야." 하면서 감사하며 잠을 잤다.

 잠을 청하고 있을 때 여우의 울음소리가 들려오는데 나귀가 그 소리를 듣고 놀라서 그만 도망을 쳐버렸다. "모든 것을 항상 좋게 하시는 하나님께서 나귀가 내게 있는 것보다도 없는 것을 더 유익하게 해주실 거야." 하는 마음을 가지고 하나님 앞에 감사했다. 나귀가 도망가는 바람에 수탉도 놀라서 멀리 날아가 버렸다. 그에게 남은 것이라고는 성경밖에 없었다.

 이튿날 아침, 날이 밝았다. 마을에 들어가 보니까 전날 밤 도적 떼가 마을을 습격해서 마을 사람들을 다 죽이고 물건을 다 약탈해 버렸다. 만약 그 마을에서 잠을 잤다고 하면, 아키바도 죽었을 것이다. 만약 등불을 켜고 오랫동안 『토라』를 읽었다면, 아키바는 도적에게 발견되어서 죽고 말았을 터다. 만약 나귀와 수탉이 있었다고 하면, 그것이 소리치거나 울었을 때 아키바가 발견되어서 같이 죽었을 것이다. 등불이 꺼지게 했다. 나귀와 수탉을 도망가게 했다. 하나님은 감사하는 아키바를 이렇게 지켜주셨다.

실패를 통해
다시 일어서는 힘을 길러 준다

"실수해도 괜찮아."
실패를 두려워하지 않는 아이가 새로운 것을 만들어 낼 수 있다.

성서에 '젖과 꿀이 흐르는 땅'으로 나오는 이스라엘은 매우 척박한 자연환경을 가진 나라다. 비가 잘 내리지 않아 물이 부족하고, '오일탱크' 중동 국가에 둘러싸여 있지만 석유 한 방울 나오지 않는 자원 빈국이다. 면적도 대한민국의 5분의 1밖에 되지 않는다. 하지만 존재감은 글로벌 시장에서 뒤지지 않는다.

이스라엘에는 8천여 개에 가까운 스타트업이 있다. 미국 실리콘밸리 다음가는 창업 국가다. 1인당 창업 비율이 가장 높다. 이웃 국가와의 분쟁으로 항상 전쟁 태세임에도 불구하고, 이스라엘은 지식경제 산업의 중심 국가로 우뚝 서 있다. 생존을 위협받던 작은 나라가 어떻게 이런 막대한 영향력을 갖게 되었을까?

유대인들은 이 원동력을 '후츠파chutzpah 정신'에서 찾는다. '후츠파'

란 '뻔뻔한, 당돌한, 주제넘은' 등의 뜻을 가진 히브리어로 유대인에게 는 익숙한 의미다. 사울 싱어가 쓴 전 세계적 베스트셀러『창업 국가』 에서는 '후츠파 정신'으로 다음 7가지를 꼽는다.

- 형식 타파
- 질문의 권리
- 섞임이나 어울림
- 위험 감수
- 목표 지향
- 끈질김
- 실패로부터의 교훈

유대인은 형식에 구애받지 않고 생각이나 행동의 자유로움을 추구 한다. 나이나 직위와 관계없이 수평적 관계에서 끊임없이 질문하고, 언제 어디서나 사람들과 잘 섞이는 자세를 가졌다. 그들은 실패를 두 려워하지 않으며, 끈질기게 도전한다. 실패하더라도 그로부터 얻은 교훈과 경험을 통해 다시 도전하는 것이 바로 '후츠파'의 힘이고 정신 이라고 말한다.

이 가운데 실패를 두려워하지 않는 것은 창업 정신의 1순위다. 이 스라엘 정부는 실패한 창업자에게 첫 창업 때보다 더 많은 인큐베이 팅 프로그램과 자금 지원을 약속한다. 실제로 이스라엘 수도 텔아비 브에는 매년 1,000개의 스타트업이 나온다. 이 중 2%가 성공을 하지 만, 이스라엘 정부는 실패한 나머지 98%의 창업자를 지원하기 위한 재원을 따로 관리한다. 게다가 실패 이전보다 20% 많은 추가 지원을 제공한다. 실패의 책임은 전적으로 정부가 부담한다. 이스라엘은 창업 성과를 공무원의 인사평가에 반영하지 않으며, 성공 사례가 없어도 책임을 묻지 않는다.

새로움은 수많은 시행착오에서 나온다

유대인 부모는 아이가 어려서부터 "실패를 두려워하지 말라."고 가르친다. 실패 없이 혁신은 나올 수가 없기 때문이다. 새로운 것은 수많은 시행착오를 거듭하며 나온다. 만일 부모가 이를 알려 주지 않는다면 아이는 실패가 두려워 아무것도 시도하려 들지 않게 된다. 유대인 부모는 아이에게 결과와 관계없이 최선을 다하는 과정이 중요하다는 것을 반드시 알려 준다.

유대인 가정에서는 아이가 실수했을 때 '마잘 톱!(축하해!)'이라는 말과 함께 손뼉을 쳐 주는 모습을 볼 수 있다. 자신의 실수에 마음이 불안한 아이를 배려하는 것이다. 이렇게 어려서부터 '실수해도 괜찮아.'라는 지지를 안정적으로 받은 아이는 실패에 대해 두려워하지 않는다.

'실패는 성공의 어머니'라는 명언을 남긴 발명왕 에디슨은 전구를 발명하기 위해 무려 1만 번의 실패를 거듭했다. 그러나 정작 에디슨은 그 1만 번을 실패라고 여기지 않았다. 다만 거쳐야 할 과정이었을 뿐이라며 이렇게 말했다.

"전구를 발명하기 위해 나는 9,999번의 실험을 했으나 잘되지 않았다. 그러자 친구는 실패를 1만 번째 되풀이할 셈이냐고 물었다. 그러나 나는 실패한 게 아니고, 다만 전구가 안 되는 이치를 발견했을 뿐이다." 수없이 실패하는 과정이 있었기에 무에서 유를 창조할 수 있었다. 유대인 부모는 아이에게 누구나 실패할 수 있고, 실패를 통해 성장한다는 것을 가르친다.

실패해 본 경험이 없는 아이는 사회에 나와 특히 어려움을 겪는다. 학창 시절 1등만 하던 우등생이 사회에서 빛을 보지 못하는 경우가 많은 것이 그 방증이다. 실패도 연습해야 실패로부터 다시 일어서는 방법을 배울 수 있다. 실수나 실패를 두려워하는 아이는 시도조차 하려 하지 않는다. 실패할까 두렵기 때문이다. 작은 실패에도 무너져 다시 일어서지 못한다. 바닥을 치고 난 뒤 다시 올라오는 힘이 없다. 공으로 비유하자면 바닥에서 산산조각이 나는 유리공이나 바닥에 철썩 붙어버리는 진흙공과 같다. 어려서부터 자잘한 실수와 실패로 무장된 아이는 탄력 있는 고무공처럼 튀어 오른다. 떨어졌던 지점보다 더 높이 뛰어오르기도 한다.

"인생에서 실패한 사람 중 다수는 성공을 목전에 두고도 모른 채 포기한 이들이다."
-에디슨

아이에게 실수를 허하라

유대인 부모는 끝까지 해내는 힘을 길러 준다. 자녀들에게 어떤 일이라도 인내심을 갖고 차근차근하다 보면 해낼 수 있다고 가르친다. 아무리 타고난 재능이 훌륭해도 노력과 끈기가 없다면 재능은 잠재력에 불과하다. 어떤 것을 꾸준히 인내심을 갖고 한 아이는 그것을 해나가는 과정에서 마주치는 고비를 넘길 수 있다. 화학 반응에서 임계점이 있듯, 아이도 그 임계점을 넘어서야 원하는 결과물을 얻을 수 있다. 유대인 부모는 아이가 끝까지 할 수 있다는 자신감을 심어 주고, 해냈을 경우 아낌없이 칭찬한다. 끝까지 포기하지 않는 힘, 인내와 끈기는 아이를 성공으로 인도하는 생명줄과도 같다.

살다 보면 때때로 넘기 힘들 것 같은 벽과 마주할 때가 있다. 넘을 수 없을 것이라는 지레짐작으로 포기를 할지, 인내와 끈기를 갖고 그 벽을 넘어 보려 할지는 각자의 선택이다. 그러나 분명한 것은 넘을 수 없다고 생각하는 순간, 그 벽은 절대 넘을 수가 없다.

『탈무드』에는 "작은 물방울이 바위를 뚫는다."라는 말이 나온다. 이들의 낙관적 사고와 끈질긴 태도를 함께 보여 주는 말이다. 유대인 부모는 아이에게 "할 수 있다", "모든 게 잘될 거야."와 같은 격려를 주문을 걸듯 말해 준다. 이같이 긍정적인 말을 듣고 자란 아이는 어떤 어려움에도 가슴에 새겨진 주문, '나는 할 수 있다'를 기억한다. 그리고 용기를 갖고 도전하며, 인내심을 갖고 목표한 바를 향해 나아간다.

유엔 사무총장을 지낸 코피 아난은 이런 말을 했다.

"사람들은 도전에 직면해서야 비로소 자신이 가지고 있는 잠재력을 발견한다. 자신의 능력을 발휘해야 할 필요가 있을 때까지는 사람들은 절대 자신의 잠재력을 알지 못한다."

유대인 부모는 위험을 무릅쓰고 과감하게 도전하라고 가르친다. 도전을 통해 배운 실패는 성공하기 위해 안 되는 방법을 더 알아내는 과정이 된다.

인생에서 가장 큰 위험은 아무것도 감수하지 않는 일이다. 아무 위험도 무릅쓰지 않는 사람은 절대 실패할 가능성이 없어 보인다. 그런데 사실 그 자체로 이미 실패한 인생이다. 아무런 발전을 할 수 없을 뿐더러 자신의 잠재력을 발견하기는 더더욱 어렵기 때문이다.

"세상은 빠르게 바뀌고 있는 만큼, 확실하게 실패하는 유일한 방법은, 위험을 무릅쓰지 않는 것이다."
-마크 저커버그 페이스북 창업자

도전은 성공을 향한 발걸음이다. 새로운 일을 시도하는 과정에서 많은 것을 배운다. 물론 실패할 수 있다. 많은 것을 잃을 수도 있다. 하지만 도전하지 않으면 가질 수도 없다. 생각해 보라. 미국 신대륙을 발견한 콜럼버스가 새로운 항로에 도전하지 않았다면 위대한 발견은 없었을 것이다. 위험을 최소화하는 길은 계속해서 도전하면서 위험을 감수하는 것이다. 마크 트웨인은 이렇게 말했다.

"지금부터 20년 뒤 여러분은 잘못해서 후회하는 일보다 하지 않았기에 후회하는 일이 더 많을 것이다. 그러니 밧줄을 던져 버려라. 안전한 항구에서 벗어나 멀리 항해하라. 무역풍을 타고 나아가라. 탐험하라. 꿈을 꿔라. 발견하라."

아이에게 실수를 허해야 한다. 실패해도 괜찮다고 지지해 주어야 한다. 실패에서만 배울 수 있는 것이 있다고 알려 주어야 한다. 무엇이든 도전하고, 한번 시작하면 절대 포기하지 않도록 이끌어 준다. 아이가 인내와 끈기를 가지고 끝까지 해낼 때까지 격려해 준다. 끝까지 해내는 습관을 길러 준다. '할 수 있다'는 긍정적인 말을 아이의 가슴에 새겨 준다. 그 믿음은 아이가 위험을 감수하고, 실패를 두려워하지 않도록 만들어 줄 것이다. 수없이 많은 실패에도 다시 일어서는 힘, 그걸 가진 아이는 하늘 아래 새로운 것을 만들어 낼 것이다. 자신감이라는 무기로 목표한 바를 끝까지 해내고야 말 것이다.

아이와 함께 실천해 보세요!

1. 아이에게 실패해도 괜찮다고 이야기해 주세요.
2. 한 번 시작했으면 끝까지 해내는 끈기와 인내심을 길러 주세요.
3. '너는 할 수 있다'는 말과 함께 도전을 응원해 주세요.

역경지수가 높은 사람이
성공하는 시대

모든 것을 주어야 사랑하는 것은 아니다. 때론 주지 않는 것이 사랑이다.
결핍을 통해 더욱 크게 성장할 수 있도록 역경을 선물하자.

"애벌레가 나비가 되기 위해 고치를 뚫고 나오는 광경을 오랫동안 관찰했다. 나비는 작은 고치를 뚫고 나오기 위해 몸부림을 치고 있었다. 나는 긴 시간 애를 쓰는 나비가 안쓰러워 가위를 가져와 고치의 구멍을 조금 뚫어 주었다. '이제 나비가 화려한 날개를 펼치면서 창공을 날아다니겠지.' 하고 기대했는데 나비는 날개를 질질 끌며 바닥을 왔다 갔다 하다 죽어 버렸다. 나비는 땅을 박차고 하늘을 향해 날아오를 만한 힘을 갖지 못했던 것이다. 나비는 작은 고치 구멍을 빠져나오려 애쓰는 가운데 날개의 힘을 키우는데 내 값싼 동정이 그 기회를 없애 버린 것이다."

곤충학자 찰스 코우만은 자신의 실수를 이렇게 고백했다. 아이도 성장하는 과정에서 스스로 감당해야만 하는 과정이 있다. 고치 구멍을 스스로 뚫고 나오지 못하면 하늘을 향해 날아오를 힘을 가질 수 없다. 유대인 부모는 아이가 역경을 맞닥뜨렸을 때 스스로 해결하도록 지켜본다. 아이는 역경을 극복하는 과정에서 인내심과 의지력, 자기주도력, 문제해결력 등을 배운다. 이렇게 '작은 성공'을 꾸준히 경험한 아이는 어떤 상황에서도 '할 수 있다'는 자신감이 있다. 그렇기에 무엇이든 일단 시도해 본다. 실패하더라도 포기하지 않고 다시 도전하는 근성을 보인다. 반면 스스로 뭔가를 해낸 경험이 없는 아이는 실패가 두려워 시도조차 하지 않는다.

온실 속 장미는 자생력이 없다

지난 2000년간 유대인의 역사는 핍박과 고난의 연속이었다. 유대인은 B.C 5세기경에 바빌로니아에 의해 유다 왕국이 멸망한 뒤 2,500년 동안 추방당했다. 세계 곳곳에 뿔뿔이 흩어져 망명 생활을 하던 유대인은 '게토'라는 유대인 거주 지역에서만 살 수 있었다. 18세기 말 정도 무렵에는 유럽 곳곳에서 게토가 붕괴됐으나, 러시아 및 동유럽 등에서는 20세기에 이르기까지 존속했다. 제2차 세계대전이 일어난 1940년 이후에는 독일 나치가 폴란드 등 그들의 점령지에 게토를 설치하고 유대인들을 강제 수용했다. 이런 역사 속에서도 유대인은 살아남았다. 20세기 초 미국 소설가 마크 트웨인은 이러한 유대인에 대해 이런 글을 남겼다.

이집트인, 바빌로니아인, 페르시아인이 이 땅에서 일어나 이 지구를 큰 소리와 화려함으로 채웠지만 이제는 한 줌의 모래처럼 사라져버렸고, 그리스와 로마가 그 뒤를 이어 굉음을 만들어 냈지만 그들도 사라져 갔다. (중략) 그 민족들의 흥망성쇠를 유대인들은 모두 목도했고 그들을 물리쳤으며 그리고 지금까지 예전의 모습 그대로 자신의 모습을 유지하고 있다. 유대인들은 기나긴 시간의 흐름에도 조금도 쇠퇴하거나 쇠잔해지거나 나약해지지 않고 예전의 활력 그대로 기민하고 공격적인 정신을 간직하고 있다. 죽음은 모든 것을 덮치지만 유대인은 멸망하지 않았고, 다른 모든 강대국은 사라져 갔으나 유대인은 살아남았다. 이 불멸의 비밀은 무엇일까?

-힐 마골린,『공부하는 유대인』

유대인에게 '불멸의 비밀'이란 바로 교육이었다. 언제 어디로 쫓겨날지 모르는 상황에서도 이들은 자녀교육을 멈추지 않았다. 자녀들에게 '평생 배움'을 강조하는 동시에 어떤 상황에서도 살아남도록 자생력을 기르는 데 힘썼다. 유대인 부모는 자녀에게 "사브라가 되라."고 한다. '사브라'는 선인장 열매로, 비 한 방울 내리지 않는 메마른 사막에서도 꽃을 피우고 열매를 맺는다. 아이에게 어떤 어려움 속에서도 반드시 자기만의 열매를 맺으란 가르침을 주는 것이다.

실제로 유대인은 나라 없이 떠돌면서도 정착하는 곳마다 그들만이 할 수 있는 일을 찾아 기반을 마련했다. 이러한 유대인을 독일에서는 '공기 인간(루프트 멘슈)'이라 일컫는다. 어디서든 공기처럼 적응하고, 누구든 필요로 하는 사람이 된다는 의미다.

"온실 속 장미는 정원을 가꾸는 데 쓰지 못한다. 꽃병 속에 머물 뿐이다."『탈무드』에 나오는 말이다. 온실 속에서 자란 장미는 자생력이 없다. 누군가가 온도를 조절해 주고, 때맞춰 물을 주며 보살펴야 생명을 유지할 수 있다. 자립심은 스스로 생각하고 판단하는 것을 행동으로 직접 옮기는 것을 말한다. 자립심은 자기 주도적 인생의 원동력이다. 온전히 혼자 힘으로 무언가를 해내는 과정에서 아이는 인내와 절제를 배운다. 아울러 자신감과 자기주도력도 키우게 된다. 이 연습이 부족한 아이는 작은 역경과 시련에 좌절하고, 쉽게 일어서지 못한다.

그런데 요즘 부모들을 보면 아이와 관련해서 하나부터 열까지 챙기고 보살핀다. 아침에 일어나는 것부터 숙제와 준비물 챙기는 것은 물론 아이의 학교생활, 교우 관계까지 책임진다. 부모가 아이의 자립심을 빼앗는 꼴이다. 헬리콥터처럼 아이 주위를 맴돌며 자식 일이라면 무엇이든지 발 벗고 나서는 '헬리콥터 부모'뿐만 아니라 '컬링 부모'도 있다. 스포츠 종목인 컬링에서 스톤이 멀리 나가도록 빙판 위를 계속 닦는 것처럼, 아이가 목적지에 잘 도착할 때까지 앞을 계속 닦아 주는 것이다. 잔디깎이 기계로 잔디를 깎는 것처럼, 부모가 자녀 앞에 있는 모든 장애물을 없애 준다는 의미에서 '잔디깎이 부모'라는 용어도 있다.

미국의 커뮤니케이션 이론가인 폴 스톨츠는 IQ(지능지수)나 EQ(감성지수)보다 AQ(역경지수)가 높은 사람이 성공하는 시대가 될 것이라고 내다봤다. 역경지수란 수많은 역경에도 굴복하지 않고, 냉철한 현실 인식과 합리적인 판단을 바탕으로 끝까지 도전하여 목표를 성취하는 능력을 말한다. 성공한 사람 중에 공부 못한 사람은 있어도 역경을 극복하지 못한 사람은 찾기 힘들다. 누군가에게 역경은 발전의 지렛대가 되기도 하고, 인생 내리막길의 시발점이 되기도 하는 것이다. 유대인 부모는 자녀가 역경을 디딤돌 삼아 뛰어오르는 아이로 키우고자 한다.

결핍이 아이를 더욱 크게 성장시킨다

유대인 부모는 '아이는 강하게 키워야 한다.'라는 확고한 철학이 있다. 그래야만 자기 인생을 주체적으로 살아갈 수 있다는 것을 뼛속 깊이 알기 때문이다. 유대인 부모는 먼저 자립심을 길러 준다. 혼자 힘으로 문제를 해결하는 환경을 만들어 준다. 이를테면 자신이 자고 일어난 침대를 정리하거나 먹은 그릇을 치우게 한다. 그리고 단계적으로 설거지를 돕게 하거나 방을 청소하는 등 다양한 집안일로 범위를 확장한다. 이를 통해 아이는 스스로 일을 성취하고자 하는 자립심과 함께 책임감, 자기주도력을 갖게 된다. 3~4세부터 집안일을 시작한 아이들이 그렇지 않은 아이보다 자립심이 높게 나타났다는 연구결과는 눈여겨볼 만하다.

유대인 부모가 '역경 교육'을 위해 반드시 가르치는 것이 있는데, 바로 '결핍'이다. 결핍은 있어야 할 것이 부족하거나 없다는 뜻이다. 유대인은 그 결핍을 채우면서 성공에 이르렀다. 부족함이 없으면 간절함, 절실함, 절박함 또한 없게 마련이다. 스티브 잡스가 "늘 갈망하고, 우직하게 나아가라"고 외친 것도 같은 맥락이다. 'Stay hungry. Stay foolish!' 유대인의 저력 또한 자신들의 결핍을 끊임없이 되새기고, 그로부터 도약의 계기를 만드는 데서 온다. 유대인은 해마다 유월절이 되면 이집트의 노예에서 해방돼 이집트를 탈출한 그날을 기념한다. 결핍을 잊지 않고 더 나은 미래를 향해 나아가는 끈질긴 인내와 의지를 표현한 것이다.

유대인 부모는 핍박과 수난으로 점철된 역사를 통해 조상들의 고통과 인내, 끈기, 용기 등을 자녀들에게 가르치고 고난을 함께 한다. 유월절에는 발효시키지 않아 딱딱하고 맛없는 빵을 일주일 내내 먹는다. 빵 반죽을 발효시킬 여유조차 없이 이집트를 탈출해야 했던 조상을 기억하기 위해서다. 이와 함께 조상의 눈물을 상징하는 소금물과 노역의 고통을 상징하는 쓴 나물을 먹는다. 아버지는 자녀들을 앉혀 놓고 유대민족이 겪어야만 했던 어려움을 반복해서 들려준다. 그리고 이러한 고통은 언제든 반복될 수 있다는 것을 주지시킨다. 자녀에게 냉혹한 현실을 알려 줌으로써 삶에 대한 자세를 다잡게 하고, 그 안에서 생존하도록 가르친다.

결핍이 있었기에 유대인은 끊임없이 노력하고, 도전하고, 포기하지 않았다. 그리고 불멸했다. '결핍의 힘'을 아는 유대인 부모는 아이의 요구사항을 쉽게 들어주지 않는다. 경제적으로 여유가 있는 부모라 해도 아이가 부족함을 알고 자라게 한다. 이를 통해 아이는 거절에 대한 감정조절 능력과 인내심을 배운다. 예를 들어 아이가 생일파티를 하더라도 부모는 예산의 일정 부분만 지원해 준다. 부족한 부분은 아이 스스로 고민해서 채운다. 그래서 이스라엘에 가면 길거리에서 쿠키 파는 아이들이 많다. 이 과정을 통해 아이들은 돈의 가치를 알고, 자신이 원하는 것을 이뤄가는 방식을 하나하나 터득하는 것이다.

유대인은 '책의 민족'인 만큼 위인전 속에서도 교훈을 얻는다. 유대인 부모는 역경과 수난을 이겨낸 위인들에 관해 아이와 깊은 이야기를 나눈다. 만약 그들에게 역경이 없었더라면? 그들이 역경 앞에 쓰러진 채 좌절했다면? 그저 평범한 사람에 불과하지 않았을까? 아이는 '나라면 어떻게 헤쳐 나갔을까?' '나는 어떤 사람이 되고 싶지?' 하고 고민하는 시간을 갖는다.

역사가 아놀드 토인비는 인류 문명의 기원과 발전을 '도전과 응전 challenge and response'의 원리로 해석한다. 그에 따르면 우수한 민족이 위대한 문명을 일으킨 것도 아니요, 지정학적 환경이 좋은 민족이 큰 문명을 이룬 것도 아니다. 문명의 발전은 어려운 환경에 처한 민족이 자신들에게 다가오는 도전을 어떻게 극복하느냐에 달려 있다는 것이다. 이것을 아이에게 적용해 보면 머리 좋은 아이가 인생에서 성공하는 것도 아니요, 집안 환경이 좋은 아이가 출세하는 것도 아니다. 어려운 환경에서도 역경을 잘 디딤돌 삼아 자기 삶을 주도적으로 살아가는 아이가 어느 분야에서든 성공한다. 유대인은 그들이 가진 결핍을 좌절의 이유가 아니라 열망의 원천으로 삼았다.

유대인은 아이가 서는 연습을 할 때 아이의 발에 조금 힘이 들어간다 싶으면 아이 손을 놓는다고 한다. 아이는 수없이 넘어지면서 다리 근육을 발달시키고, 어느 순간 서고, 걷고, 뛰어나간다. 부모가 과감히 손을 놓을 때 아이는 스스로의 힘으로 고치 구멍을 뚫고 나온다. 그렇게 길러진 날개 힘으로 세상 속으로 힘껏 날아갈 것이다.

교육은 좋은 대학을 보내는 데서 끝나는 '20년 단기 프로젝트'가 아니다. 진검승부는 사회에서 펼쳐진다. 어려서 자생력을 키우지 못한 아이는 결국 세상에서 살아남지 못한다. 아이가 스스로 해내는 힘을 기르는 시간을 주자. 아이는 '그래서 못했다'가 아니라 '그럼에도 불구하고 했다'는 것을 선택하게 될 것이다. 결핍, 고난, 역경을 '신이 내린 축복'으로 승화시켜 낼 것이다.

아이와 함께 실천해 보세요!

1. 집안일을 돕게 해서 자립심을 길러 주세요.
2. '결핍'을 통해 절실함이 무엇인지 알려 주세요.
3. 역사나 위인전을 통해 역경에 대해 생각해 보게 하세요.

시간을 잘 관리하는 것은 인생을 창조하는 것과 같다.
효과적으로 시간을 관리하는 아이는 시간 부자로 살아갈 것이다.

내 아이의
경제 머리를 키워라

- 유대인 경제 교육 -

수단과 방법을 가리지 않고 돈과 물질을 추구하는 사회에서 유대교는 정의로운 부자라는 의미에서 '청부淸富'를 추구합니다. 돈과 관련한 이야기를 꺼내는 것조차 금기시하는 우리의 분위기와는 사뭇 다릅니다. 돈은 살아가는 데 없어서는 안 될 수단입니다. 아이가 돈이 없어서 곤란에 처하지 않도록 어릴 때부터 올바른 경제 관념을 키워 주는 것이 좋습니다. 『탈무드』에 이런 말이 있어요. "사람에게 상처 주는 세 가지가 있다. 고민, 말다툼, 빈 지갑. 그중에서 빈 지갑이야말로 인간에게 가장 큰 상처를 준다."

유대인 부모들은 돈 교육은 어릴 때 시작할수록 좋다고 생각합니다. 용돈은 거저 주는 것이 아니라 노동의 대가로서 주고, 일상생활 속에서 숫자와 친해지게 합니다. 집안일을 통해 노동의 가치를 알게 하고, 용돈을 3등분하여 저축, 소비, 자선에 쓸 수 있게 가르칩니다. 어릴 때 익힌 경제 습관이 평생 가기 때문입니다.

'돈 공부'는
빠를수록 좋다

용돈은 노동의 대가로 주어야 한다. 어릴 때부터 집안일로 스스로 돈을 벌 수 있게 해보자.
가정에서부터 돈 공부가 시작되어야 한다.

흔히 부자 하면 떠오르는 민족이 유대인이다. 로스차일드 가문뿐만
아니라 '투자의 대부'로 통하는 조지 소로스, '석유왕' 록펠러, 워너 브
라더스 같은 세계 5대 메이저 영화사의 창립자, 미국 3대 공중파 방송
의 설립자와 경영자, 월스트리트 같은 언론 창립자도 모두 유대인이다.
이들은 전 세계 0.2%의 인구로 맨해튼 빌딩의 80%를 소유하고 전 세
계 부의 30%를 거머쥐고 있다. 미국의 경제잡지 《포브스》는 매년 개인
소유 재산을 분석해서 미국의 부자 상위 4백 명을 발표하는데, 그중 백
명 가까이가 유대인이다. 나라 없이 떠돌면서도 유대인이 정착하는 곳
에는 늘 경제적 번영이 뒤따랐다. 그 비밀은 몇천 년 내려오는 유대인
들의 경제 교육에서 찾을 수 있다.

유대인은 돈에 대한 인식부터 남다르다. 대부분의 종교가 '청빈淸貧'

을 강조하는 것과 달리 유대교는 정의로운 부자라는 의미의 '청부淸富'를 추구한다. 『탈무드』에는 유독 돈에 대한 현실적 이야기가 많이 언급된다.

"가난한 것은 집안에 50가지 재앙이 있는 것보다 더 나쁘다.", "텅 빈 지갑만큼 무거운 것은 없다.", "돈이 인생의 전부가 아니라고 말하는 사람에게는 죽을 때까지 돈이 쌓이지 않는다.", "돈은 모든 문을 열어 주는 황금 열쇠이자 모든 장애물을 치워 주는 황금 지팡이다."

이와 같은 격언은 유대인의 돈에 대한 사고방식을 잘 보여 준다. 오랜 고난의 세월을 겪은 유대인에게 돈은 없어서는 안 될 생존 수단이었다. 언제 어디로 추방될지 모르는 이들에게 돈이란 목숨이나 마찬가지였다. 유대인은 돈을 중시하되, 올바르게 벌고 잘 써야 한다고 생각한다.

돈에 대해 가르치는 것은 부모의 의무

유대인이 부자 민족이 된 비결은 자녀들에게 어려서부터 철저히 경제 교육을 시키는 데 있다 해도 과언이 아니다. 유대인 부모는 아이가 걸음마를 하기 전부터 손에 동전을 쥐여주며 저금통에 넣는 습관을 길러 준다. 아이가 숫자 개념이 생길 무렵부터는 돈에 대해 자연스럽게 이야기를 나눈다. 또 물건을 살 때면 아이가 직접 돈을 내도록 하고 거스름돈을 받도록 한다.

이를테면 "500원은 100원짜리 5개를 내야 하는 것이다.", "800원짜리를 살 때 천 원을 내면 얼마를 거슬러 받아야 하지?"와 같은 개념을 이해시킨다. 처음에는 조금 어려워하던 아이도 점차 숫자에 익숙해진다. 유대인 부모는 생활 속에서 돈의 개념과 단위, 가치에 대해 알려 준다. 돈에 대해 가르치지 않는 것은 부모의 의무를 다하지 않는 것이라 여긴다.

유대인은 어려서부터 생활 속에서 구체적인 숫자를 사용한다. 돈벌이의 기본은 숫자와 친해지는 데서 시작된다고 믿기 때문이다. 예를 들면 보통 우리는 "오늘 너무 덥네."라고 표현하는 데 비해 유대인은 "오늘은 32도가 넘네."라는 식이다. 회사 규모를 이야기할 때도 "중견 기업"이라 하지 않고 "우리 회사는 직원이 100명 넘는 회사야."라고 정확히 표현한다. 이렇게 어려서부터 숫자에 익숙해지는 것은 상술의 기초이자 돈벌이의 기본이 된다. 생활 속에서 숫자를 익히기 때문에 유대인은 암산에 천재적 능력을 발휘한다. 숫자에 밝은 만큼 손익 계산에도 철저할 수밖에 없다.

유대인은 아이가 서너 살만 되면 간단한 심부름을 시키고 그 대가로 동전을 준다. 아이는 동전을 저금통에 넣는 습관을 기르게 된다. 5~6세가 되면 식탁 닦기, 화분에 물 주기, 신발장 정리 등과 같은 집안일을 거들게 한다. 유대인 아이들은 정기적으로 용돈을 받는 대신, 노동의 대가로 용돈을 받아 한푼 두푼 모아 사고 싶은 것을 사기도 하고, 기부도 한다. 유대인 부모는 아이에게 용돈 기입장을 쓰도록 하고, 아이가 용돈을 어디에 썼는지를 확인한다.

유대인은 돈을 버는 것만큼 잘 쓰는 것이 중요하다고 생각하기 때문에 무조건 돈을 아끼라고 하지 않는다. 대신 필요한 곳에 썼는지, 불필요한 곳에 돈을 낭비하지는 않았는지 아이와 함께 대화를 나눈다.

세계적인 부호 록펠러도 어릴 때부터 아버지의 일을 도우며 용돈을 직접 벌어서 썼다. 농사일을 거들거나 우유를 짠 다음 날마다 그 내용을 장부에 기록해 아버지에게 일한 만큼 돈을 받았다. 록펠러 2세는 천문학적인 돈이 있음에도 불구하고 자녀들에게 엄격한 경제 교육을 했다. 록펠러 2세의 저택에서는 매주 토요일 다섯 자녀가 용돈 기입장을 들고 경제 교육을 받았다. 그는 아이들에게 일주일 단위로 용돈을 주고, 사용처를 정확하게 장부에 적도록 했다. 또 용돈을 3등분해 개인적인 용도, 저축, 기부에 사용하도록 하고, 용돈의 사용처에 대해 지침을 제시하기도 했다.

이러한 경제 교육은 록펠러 2세의 아버지인 '석유왕' 존 데이비드 록펠러에게서 배운 것이다. 우리 속담에 부자가 3대를 못 간다는 말이 있다. 록펠러 가문은 19세기 말에서 20세기 초까지 '부자 가문'을 유지했다. 그 씨앗은 아무리 적은 돈이라도 허투루 보지 않고 짜임새 있게 운용하는 용돈 교육에서 비롯되었다. 데이비드 록펠러 3세는 자신의 회고록에서 "현명한 부모가 제대로 인도해 주지 않는 재산상속은 저주에 가깝다."라고 밝히기도 했다.

미국의 '경제 대통령'이라 불린 앨런 그린스펀 전 연방준비제도이사회FRB 의장 또한 다섯 살 때부터 아버지에게 월급과 생활비, 저축, 부채 등에 대해 가르침을 받았다. 심지어 주식과 채권에 대해서도 배웠다. 그는 연방준비제도이사회 의장직을 다섯 번이나 연임했고 18년간 미국의 통화, 금리 등 통화정책에 전권을 행사한 인물로 남았다. 그는 아버지로부터 배운 경제 지식이 삶에서 큰 힘이 됐다면서 기회가 될 때마다 경제 조기교육의 필요성을 역설했다. 그린스펀은 "초등학교 때부터 금융 교육이 이뤄질 필요가 있다."며 이렇게 강조했다.

"컴퓨터 기술의 발전으로 새로운 금융상품이 쏟아져 나오며 관련 비용과 선택폭은 더욱 넓어지고 있다. 금융 문제는 더욱 복잡해지고 있지만 사람들은 다양한 금융 수단을 전혀 이해하지 못하고 있다. 올바른 금융 관련 결정을 내릴 수 있는 적절한 지식을 습득하면 어린 시절부터 제대로 가르쳐야 한다."

아이의 경제 관념 일깨우기

돈에 관한 철학 혹은 중요도는 물론 사람마다 다를 것이다. 돈이 삶의 목적이 되어서는 안 되겠지만 삶을 풍요롭게 하는 수단임은 부인할 수 없다. 유대인은 돈과 경제 교육을 매우 중시한다.

이들의 삶에 켜켜이 스며든 모든 교육이 부자가 되는 방법과 직간접적으로 맞닿아 있다 해도 과언이 아니다. 유대인은 자식이 경제적으로 홀로 서지 못하는 것은 부모가 자식을 잘못 가르쳐서라고 생각할 정도다. 『탈무드』에는 "만일 부모가 자식을 올바르게 가르치지 못했다면 자식이 잘못을 저질렀을 때 그 책임을 자식 혼자 지게 할 수 없다."라고 이른다.

우리나라는 학교에서뿐 아니라 가정에서도 아이에게 돈에 관해 이야기하는 것을 꺼리는 경향이 있다. 대부분의 부모가 '너는 아무 걱정

말고 공부나 하라'는 식이다. 한 달에 가정의 수입과 지출은 얼마나 되는지, 저축액은 얼마나 되는지, 앞으로의 재정 계획은 어떠한지 아이들과 이야기를 나눌 필요가 있다. 그래야 아이의 '경제 지수'가 높아질 수 있다. 아이가 좋아하는 일을 즐겁게 하는 것과 양립돼야 하는 것이 경제적 자립이다.

스티븐 스필버그의 어머니도 영화에 빠져 있는 어린 아들을 격려하고 지지했지만 그와 동시에 아들에게 경제 관념을 늘 일깨워 주었다.

"영화를 열심히 찍는 것은 아주 멋지고 좋은 일이지만 돈을 어떻게 벌어야 할지 생각해 봐야 한단다. 그러려면 숫자에 능통하고 장사도 해 봐야 해."

"저는 영화 찍는 게 꿈이지 장사가 꿈이 아니라고요."

"네가 나중에 무엇을 하든 성공하기 위해서는 숫자와 돈을 알아야 한단다."

요즘 우리나라에는 대학을 졸업하고도 취직이 될 때까지 부모에게 의존하는 자녀들이 많다. 심지어 결혼 후에도 경제적으로 자립하지 못하고 부모 품을 떠나지 못하는 경우가 허다하다. 아이에게 자본주의 사회를 살아가는 힘을 길러 주어야 한다. 가정에서부터 경제 교육, 이른바 '돈 공부'가 시작되어야 한다. 아이와 함께 '돈 공부'를 실천해 보자.

경제 교육은 빠르면 빠를수록 좋다. 생활 안에서 돈의 가치를 자연스럽게 가르치고, 돈을 합리적으로 쓰는 습관을 길러 주어야 한다. 먼저 아이의 저금통, 통장부터 만들어 주자. 집안일을 통해 아이 스스로 돈을 벌 수 있는 기회를 만들어 주자. 돈에 관한 대화를 아이와 자주 나눠 보

자. 큰 부자는 하늘이 내리는 것이 아니다. '부자 습관'이 부자를 만든다. 아이에게 '부자 습관'을 남겨 주는 것이 가장 큰 유산이 아닐까.

아이와 함께 실천해 보세요!

1. 아이와의 대화를 통해 기본 용돈에 대한 규칙을 정하세요.
2. 기본 용돈 외에 심부름 등을 통해 노동에 대한 돈의 가치를 깨닫게 하세요.
3. 용돈 기입장을 쓰면서 돈을 계획성 있게 쓰는 연습을 시키세요.
4. 용돈 기입장을 작성한 후에는 합리적 소비를 했는지 점검해 보세요.

생활 속에서
돈 버는 경험을 하게 한다

어떻게 해야 돈을 더 벌 수 있는지, 돈을 어떻게 쓰는 것이 합리적인지,
돈은 어떻게 불려 나가야 하는지, 생활 속에서 가르친다.

세계적 석유회사 로열 더치 쉘의 설립자 마커스 새뮤얼은 어릴 적 뒷골목에서 노점상을 운영하던 아버지를 도우며 장사를 배웠다. 그는 아버지와 함께 일을 하면서 '희소성의 원칙'을 몸소 깨우쳤다. 별 쓸모가 없어 보이는 것도 희소가치가 있으면 비싸게 팔 수 있다고 생각했다. 어린 나이에 영국에서 일본까지 배를 타고 홀로 건너간 그는 일본 개펄에 널려 있는 조개껍질을 사업 아이템으로 생각해 냈다. 당시 영국에서는 흔하지 않은 조개껍질을 일본에서 영국으로 수출해 꽤 큰돈을 벌었다. 로열 더치 쉘의 로고가 조개껍질인 이유가 여기 있다. 이후 인도양을 건너오면서 그는 인도네시아 원주민들에게 관심 밖이던 석유를 사들여 석유사업을 일으켰다.

우리나라는 부모가 장사하는 일터에 자녀가 오면 그 시간에 공부나

하라고 하는 경우가 많은데 유대인은 다르다. 유대인 가정에서는 대부분 부모가 하는 일을 자녀가 능숙하게 돕는다. 부모가 보일러공이건 세탁, 페인트칠을 하건 상관없이 자녀들은 직원보다 더 열심히 부모의 일을 돕는다. 이를 통해 돈을 어떻게 버는 것인지, 이익과 분배 등에 대해서도 자연스럽게 가르친다. 노동의 가치를 알려 줌과 동시에 돈에 대한 교육을 실생활에서 가르친다.

아울러 실제 손님을 대하는 태도와 돈을 관리하는 방법, 수입과 지출에 대해서 자세히 알려준다. 아이들은 부모가 얼마나 힘들게 돈을 버는지 보면서 돈을 아껴 써야 한다는 마음가짐을 갖는다.

자녀들은 부모가 하는 일을 잘 알고 있기에 밥상머리에서도 돈과 일에 관한 이야기를 자주 나눈다. 이른바 '경제 하브루타'다. 유대인 부모는 자녀와 함께 어떻게 해야 돈을 더 벌 수 있는지, 돈을 어디에 어떻게 쓰는 것이 합리적인지, 돈은 어떻게 불려 나가야 하는지 등에 대해 자녀들과 끊임없이 대화를 나눈다.

어린 자녀에게 돈 버는 법을 가르치지 않는 것은 자녀를 도둑으로 키우는 것이라는 『탈무드』의 가르침을 생활에서 실천한다.

우리나라 학교에서도 이른바 '진로 체험'이라는 명목으로 부모의 직장을 경험하는 프로그램을 실시했는데 부모들의 항의가 빗발쳤다고 한다. '흙수저' 부모의 직업을 아이가 창피해한다는 것이 주된 이유였다. 세상의 모든 일에 귀천이 없고, 저마다 가치 있고 존중받아야 할 일인데, 아직 우리 사회는 직업에 대한 편견이 있다.

늘 웃으면서 거리를 쓸고 있는 청소부 아저씨에게 누군가 물었다.

"아저씨는 뭐가 그렇게 즐거우세요?"

"아름다운 지구의 한 부분을 깨끗이 쓸고 있으니 기쁘지요."

어떤 일을 하더라도 자신의 일에 자부심과 애정을 갖고 최선을 다할 때 자녀들도 부모를 존경하고 올바르게 커나갈 수 있다.

집안일로 노동의 가치를 알게 한다

유대인은 아이가 어릴 때부터 '불로소득은 없다'라는 인식을 심어 준다. 유대인 부모는 아이에게 집안일을 시킴으로써 노동의 가치를 가르치고, 책임감과 자립심을 길러 준다. 미네소타대학교 명예교수 마티 로스만의 연구에 따르면, 어릴 때부터 집안일을 해온 아이들은 통찰력, 책임감, 자신감이 더욱 높았다. 또 하버드대학교 의대 조지 베일런트 교수가 11~16세 아동 456명을 약 35년간 추적 조사한 결과, 성공한 이들이 어릴 적 경험한 유일한 공통점 역시 바로 집안일이었다. 어렸을 때부터 집안일에 참여하면 자존감, 소속감, 책임감, 자립심 등이 형성된다. 그뿐만 아니라 남녀 평등의식과 학습능력에까지 긍정적 영향을 준다.

제프리 J. 폭스는 저서 『왜 부자들은 모두 신문배달을 했을까』에서 워런 버핏, 잭 웰치 등과 같은 세계적 부자의 공통점으로 신문배달을 했다는 점을 꼽았다. 미국 경제 잡지 《포브스》 또한 억만장자 400명을 조사한 결과 이들 가운데도 신문배달을 하거나 주유소와 세차장 아르바이트, 음식점 서빙 등의 일을 했다는 이들이 압도적으로 많았다. 어릴 때부터 힘든 일을 하면서 돈을 벌어 노동과 돈의 가치를 깨달은 것이 바로 이들의 성공 요인이었다.

유대인은 또 자녀가 청소년이 되면 사람들이 기피하는 힘든 일을 하나씩 배우게 한다. 살면서 어떤 일이 생길지라도 살아남는 법을 가르치는 것이다. 여러 나라에서 쫓겨 다니면서도 끝까지 살아남은 유대인은 누구에게나, 언제든 역경이 닥칠 수 있다고 이야기해 준다. 실제로 세탁업이나 청소업, 수선업, 페인트업 등과 같은 일을 할 수 있으면 어디서든 생계를 이어갈 수 있다. 유대인은 자녀에게 어떤 일이 닥쳐도 살아나갈 수 있다는 자신감과 자립심을 길러 준다. 강인하다 못해 끈질긴 유대인의 생명력, 불멸의 비밀이 이렇게 군데군데 숨어 있다.

부자 습관의 첫걸음은 아침에 일어나 침대를 정리하는 것에서 시작된다는 말이 있다. 그만큼 사소한 생활습관 하나하나에서 시작되는 '자립심'이 중요하다는 말이다. 어려서부터 자기 일은 스스로 알아서 챙기고, 크고 작은 노동을 통해 직접 돈 버는 경험을 가지게끔 해야 한다. 대대로 부를 잇는 부자 가문은 자녀들에게 단순히 돈만 물려주는 것이 아니다. 부자의 생활습관 'A to Z'를 몸소 보여 주며 자녀들을 가르친다. 우리는 공부 외에 아무것도 할 줄 모르는 '바보'로 키우는 것은 아닌지 되돌아볼 필요가 있다.

아이와 함께 실천해 보세요!

1. 어릴 때부터 집안일에 적극적으로 참여시키세요.
2. 부모가 어떤 일을 하는지 알 수 있는 시간을 가져 보세요.
3. 돈을 버는 방법에 관한 이야기를 생활 속에서 나눠 보세요.

부자는 태어나지 않고
키워지는 것

유대인은 어린 나이 때부터 '돈 불리기'에 나선다.
돈은 버는 것이 아니라 불리는 것이라는 사실을 배운다.

유대인 아이들은 열세 살이 되면 '바르미츠바Bat Mitzvah'라 불리는 성인식을 한다. '바르미츠바'는 히브리어로 '계명에 따라 사는 자녀'라는 뜻이다. 성인식을 마치면 이들은 종교적으로 책임 있는 성인이 된다. 이들은 1년가량 성인식을 준비해 열세 살 생일에 성대한 의식을 치른다. 부모들이 이를 위해 미리 자금을 저축해둘 만큼 유대인들에게는 중요한 의식이다. 각자 경제적 형편에 따라 차이가 있지만 성인식은 대개 성대하게 치르는 편이다.

이날에는 부모뿐 아니라 많은 친척과 친구들이 하객으로 참석해 축하해 준다. 고급 호텔이나 리조트에서는 유대인 성인식을 뜻하는 '바르미츠바'가 적힌 표지판을 쉽게 볼 수 있다. 성인식 주인공과 하객들은 마치 파티에 참석한 듯 멋지게 차려입고 즐겁게 보낸다. 그러나 성인식은 단순히 즐기기만 하는 날이 아니다. 성인식을 맞은 주인공은 어릴 때부터 배워 온 히브리어로 하객 앞에서 『토라』를 외운다. 이를 통해 아이는 유대 사회의 일원이 되었음을 알린다.

성인식의 본질은 '책임감'이다. 즉 아이가 열세 살이 되면 스스로 책임질 수 있는 시기에 이른 것으로 판단하고 이때부터는 아이 스스로 무엇이 옳은지 그른지를 판단하게 한다. 이날 소년 소녀는 부모와 하객들로부터 세 가지 선물을 받는다. 성경책, 손목시계, 그리고 축의금이다. 성경을 받는 이유는 이제부터 부모의 중간역할 없이 신과 직접 독대해야 하는 존재, 즉 신 앞에 부끄럽지 않은 책임감 있는 인간으로 살겠다는 뜻이고, 시계는 약속을 잘 지키고 시간을 소중히 아껴 쓰라는 의미다.

눈길을 끄는 것은 이들의 축의금 문화다. 마치 결혼식 축의금과 같이 하객들은 축의금을 내는데, 상당히 큰 액수다. 뉴욕 일반 직장인의 평균 축의금은 1인당 200달러 정도라고 알려져 있다. 축하객이 200명이라 치면 약 2만 달러에 달한다. 가까운 친척들은 이보다 더 내는 데다가 할아버지, 할머니는 유산을 물려준다는 생각으로 목돈을 건네는 경우도 많다. 상황이 이렇다 보니 뉴욕 중산층이 성인식을 하면 평균 5~6만 달러가 모이기도 한다.

이 돈은 모두 성인이 된 주인공의 몫이다. 유대인 부모는 이 돈을 자녀에게 직접 맡기되 투자에 관해 조언해 준다. 이렇게 유대인은 어린 나이 때부터 '돈 불리기'에 나선다. 『탈무드』에서도 "돈은 버는 것이 아니라 불리는 것"이라고 가르친다. 아이는 돈을 예금과 주식, 채권 등에 분산 투자한다. 이 과정에서 자연스럽게 실물 경제나 금융에 관한 관심이 커지고 경제 감각이 길러진다. 어린 나이부터 자산 포트폴리오를 스스로 짜고 계획하는 법을 익히는 것이다.

부모와 하객의 신분에 따라 축의금 액수는 차이가 크지만, 이 돈은 아이가 사회에 나갈 때 즈음이면 곱절 가까이 불어 있다. 20대 초반에 대략 1억 원의 종잣돈을 갖고 사회생활을 시작하는 셈이다. 이스라엘 청년 80~90%가 창업할 수 있는 큰 배경이 여기에 있다. 우리나라 청년들이 대부분 학자금 대출을 떠안고 사회에 첫발을 내딛는 데 반해 유대인은 두둑한 창업 자금을 갖고 시작하는 것이다. 인생은 100m 단거리가 아닌 마라톤이라지만, 출발점부터 확연히 차이가 난다. 당연히 결과에 영향을 미칠 수밖에 없다.

어릴 때 익힌 경제 습관은 평생 간다

재테크의 기본이라 할 수 있는 분산 투자의 원조도 유대인이다. 유대인 부모는 자녀에게 특히 분산 투자의 중요성을 강조한다. "항상 위험을 예상해야 한다. A에서 손실이 났을 때 이를 만회해 줄 B안, C안이 필요하다. 위험을 분산하는 것이 투자의 첫걸음이다." 유대인은 장기 투자 시 반드시 부동산, 주식, 현금 등에 각각 30% 내외로 분산 투자를 한다. 아무리 확신이 드는 투자처라 할지라도 한곳에 집중 투자하는 것을 지양하는 것이 유대인의 원칙이다. 특히 유대인은 분산 투자를 원칙으로 삼으면서도 보석이나 현금과 같이 쉽게 가지고 다닐 수 있는 것을 선호한다. 이는 예로부터 살던 곳에서 추방당하는 일이 잦았기 때문이다. 그래서 부동산에 투자하더라도 '리츠 펀드'와 같은 주식 형태로 거래하는 것을 선호한다고 한다.

유대계의 대표적 금융회사이며 국제 금융계의 거물로 알려진 로스차일드 가※는 자신의 자녀들을 유럽 전역의 5개 거점으로 파견해 사업을 분산했다. 리스크를 분산하기 위함이었다. 로스차일드는 여러 국가에 리스크를 분산 투자함으로써 오랜 기간 자산을 지켜내는 데 성공했다. 250년이 지난 지금까지도 로스차일드 가는 석유와 다이아몬드, 금, 우라늄, 와인, 백화점, 국제금융 등 세계 곳곳에서 다국적 거대사업까지 펼치며 전 세계를 장악했다. 많은 거부가 전쟁과 혁명 등의 시대와 함께 사라졌지만 로스차일드 가는 철저한 분산 투자로 250년간 불사조로 살아남았다.

유대인은 '돈은 불리는 것'이란 것을 실전 금융투자를 통해 배운다. 유대인들의 경제 파워는 이러한 금융 마인드에서 오는 것이다. 유대인은 부자로 태어나는 것이 아니라 부자로 키워진다. 심부름, 집안일을 통해 직접 돈을 벌고, 번 돈을 불리면서 경제에 눈을 뜬다. 부모님 일을 도우면서 경제 현장을 경험하고, 남들이 기피하는 3D 업종[힘들고 Difficult, 더럽고Dirty, 위험한Dangerous의 머리글자인 D자를 따서 만든 용어]의 일을 배움으로써 노동의 가치와 자립심, 자신감을 키운다. 어릴 때 몸에 익은 경제 습관은 평생을 간다.

아이와 함께 실천해 보세요!

1. 돈이란 무엇인지 아이와 함께 이야기를 나눠 보세요.
2. 아이에게 돈을 불리는 투자의 개념을 알려 주세요.
3. 저축한 돈을 어떻게 불릴 것인지 다양한 금융 정보를 알려 주세요.

부자가 되려거든
먼저 베풀어라

아이에게 다른 사람을 돕는 기쁨을 알려 주자.
부모가 먼저 솔선수범하는 모습을 보이면 자연스럽게 아이에게 돕는 습관이 생긴다.

페이스북 창업자 마크 저커버그는 우리 돈으로 450조에 달하는 페이스북 보유 지분 99%를 기부하겠다고 밝혀 세상을 놀라게 한 적이 있다. 그때 그는 "딸과 다른 모든 어린이에게 좋은 세상을 물려줘야 한다는 데 큰 책임을 느낀다."라고 말했다. 이들 부부는 '딸에게 주는 공개 편지' 형식을 통해 자신들이 생각하는 '더 나은 세상'을 구체적으로 명시했다. 무려 A4 용지 6장에 걸친 편지에는 의료, 과학, 경제 등 각 분야에서 인류가 추구해야 할 이상향과 극복 과제 등이 담겨 있었다.

유대인은 자선을 통해 '티쿤 올람Tikun ol lam' 사상을 실천한다. '더 나은 세상을 만든다'는 의미다. 마크 저커버그는 '티쿤 올람' 사상을 어떻게 실천하는지 제대로 보여 준 예다. 유대교에서는 신이 창조한 세상은 원래 완벽하지 않다고 믿는다. 그래서 인간이 세상을 끊임없이 개선하고 완성하는 데 이바지해야 한다고 생각하는 것이다. 이들은 내 주변, 사회, 나아가 이 세상을 좀 더 나은 곳으로 만드는 것이 신에 대한 의무라 여긴다. 우리나라의 '홍익인간', 널리 사람을 이롭게 한다는 이념과 비슷한 맥락이다. 유대인은 자선을 통해 '티쿤 올람'을 실천하면 어떤 형태로든 하나님의 축복을 받는다고 믿는다.

유대인 집마다 있는 자선함, 푸슈케

유대인은 인간이 베풀 수 있는 덕 중 자선의 덕을 으뜸으로 친다. 나라 없이 2000년 넘게 유랑하던 유대인이 지금껏 존속할 수 있었던 이유는 어려울 때 서로 도왔기 때문이다. 이런 전통은 지금도 계속되고 있다. 매년 《비즈니스위크》지가 발표하는 '50대 고액 기부자' 명단에는 유대인이 15명 이상 이름을 올린다. 고작 미국 인구의 2%를 차지하는 유대인이 30%를 차지하는 셈이다. 《유대인 저널》에서 선정하는 '슈퍼 기부자(연간 1000억 불 이상 기부)' 또한 25~30%는 유대인이다. 미국 기부금의 절반이 유대인에게서 나온다는 통계가 있을 정도로 유대인은 자선과 기부에 열의를 보인다. 유대인이 이렇게나 많이 기부하는 이유는 무엇일까?

유대인에게 자선은 하나님의 명령이다. 유대교에서는 자선 행위를 선택이 아닌 의무로 규정한다. 히브리어에는 '자선'이라는 단어가 없다. 유대인은 남을 돕고 좋은 일에 돈을 기부하는 것을 '쩨다카'라 하는데, 이것은 '정의justice'를 뜻한다. 영어로 '자선'에 해당하는 '채리티

charity'가 라틴어의 '베푼다'라는 어원에서 비롯된 것과 달리 유대인에게 자선은 곧 정의인 셈이다. 유대인이 천문학적인 돈을 기부하는 데는 유대교의 이러한 철학이 깔려 있다.

유대인은 자신이 쌓은 부일지라도 자기 것이 아니라고 생각한다. 유대인에게 돈이란 하나님이 잠시 맡겨 놓은 것이다. 그렇기에 유대인은 아이들에게 돈은 좋은 일에 쓰라고 준 것이니 쌓아 두지 말고 좋은 데 쓰라고 가르친다. 돈이 많으면 많을수록 남을 더 많이 도울 수 있으므로 유대인은 부자가 되는 것을 미덕으로 여긴다.

우리 속담에는 '사촌이 땅을 사면 배가 아프다.'라고 하는데 유대인은 사촌이 땅을 사면 자기 일처럼 기뻐하고 춤을 춘다. 바로 기부 때문이다. 내가 어려울 때 언제든 베풀어 줄 수 있는 사촌이 생겼으니 춤을 출 만도 하다.

유대인에게 자선은 양치질하는 것과 같은 습관이다. 유대인은 아이가 아주 어려서부터 자선함에 동전을 넣도록 가르쳐 남을 돕는 일이 습관이 되게 한다. 유대인의 집에는 어김없이 자선함, 즉 '푸슈케'가 눈에 띄는 곳에 놓여 있다. 아이들은 엄마 손에 안겨서부터 '푸슈케'에 동전을 넣는다. 아이가 혼자 용돈을 벌 수 있는 나이가 되면 스스로 돈을 벌어 기부하게 한다. 이를테면 신발 닦기, 설거지 등 노동의 대가로 받은 돈의 일부를 '푸슈케'에 넣는다. '푸슈케'가 가득 차면 누구를 어떻게 도울지 가족회의를 열어 결정한다. 그뿐만 아니라 길거리 곳곳에서도 자선함에 돈을 넣는 아이들의 모습을 쉽게 볼 수 있다. 유대인 가정에서는 아이들에게 소득을 3등분하여 자선, 저축, 소비에 각각 쓰도록 가르친다.

유대인 부모는 특히 자녀에게 솔선수범하는 모습을 보임으로써 자선을 가르친다. 유대인 사업가 조조 루박 씨는 뉴욕 유대인 공동체 센터에서 유대인들의 축제인 부림절마다 자선 행사를 열고 있다. 기부를 생활화하는 조조 루박 씨의 철학은 어릴 적 부모님으로부터 보고 배운 것이다.

"저희 부모님은 늘 자선 행사에 참여하셨어요. 여러 자선 행사에서 기금을 모으셨고, 사람들로부터 많은 존경을 받으셨죠. 제게 늘 좋은 본보기를 보여 주셨어요. 지금 저도 제 아이들에게 그렇게 가르치고 있어요." 2001년, 9·11테러로 세계무역센터가 무너졌을 때 조조 루박 씨의 세 딸은 집 근처의 쇼핑센터에서 쿠키와 음료를 팔아 희생자 가족들에게 기부했다.

자선의 8단계

유대인은 자선에도 품격이 있다고 생각한다. 『탈무드』에서는 '쩨다카'의 품격을 8단계로 눈다.

'쩨다카'의 8단계

1. 아깝지만 마지못해 도와주는 것
2. 줘야 하는 것보다 적게 주지만 기쁘게 도와주는 것
3. 요청을 받은 다음에 도와주는 것
4. 요청을 받기 전에 도와주는 것
5. 수혜자의 정체를 알지 못하면서 도와주는 것, 수혜자는 당신을 앎

6. 당신은 수혜자를 알지만 수혜자는 당신을 모르게 도와주는 것

7. 수혜자와 기부자가 서로를 전혀 모르는 상태에서 도와주는 것

8. 수혜자가 스스로 자립할 수 있게 만들어주는 것

가장 높은 품격의 '쩨다카'는 8단계인 상대방이 자립할 수 있도록 도와주는 것이다. 물질적인 도움뿐 아니라 정보와 지식을 총동원해서 상대방이 성공할 수 있게 돕는 것을 말한다. 이렇게 도움을 받아 성공한 유대인은 다른 사람에게 받은 도움을 돌려 준다. 이런 선순환 구조는 오늘날 소수의 유대인이 막대한 부와 명성을 얻는 원천이 되었다.

'쩨다카'의 다음 단계는 주는 사람도 누구에게 가는지 모르고, 받는 사람도 누구에게 왔는지 모르게 하는 것이다. 익명으로 자선활동을 하는 유대계 자선단체가 많은 이유다. 뉴욕의 한 유대 자선단체는 익명으로 어려운 이들에게 음식을 배달한다. 일주일 치 식량을 준비하는 데 드는 비용만 1만 달러 정도로, 우리 돈으로 천만 원이 넘는다. 10달러, 20달, 50달러 이렇게 작은 단위의 기부금이 모여 이 단체가 운영되고 있다. 매주 수요일 저녁이면 퇴근 후 음식을 배달하기 위해 봉사자들이 몰려든다. 특이한 점은 아이들을 꼭 데리고 온다는 것이다. 아이들은 부모의 선행을 본받고, 부모를 도우면서 선행의 기쁨을 알아간다.

유대인은 자선 활동을 통해 아이들에게 감사함을 가르친다. 익명의 자선단체에서 매주 식료품 배달 봉사를 하는 찰스 그로는 아이들과 함께 자선 활동을 하면서 우리가 가진 것에 신에게 감사하게 된다고 말한다. 가지지 못한 사람들을 보면서 자신이 받은 축복을 당연하게 여기지 않게 되었다는 말이다. 실제로 찰스 그로의 딸 자하브 그로는 자

선 활동에 참여하면서 "우리가 가진 것에 감사할 수 있게 되었다."라고 말했다. 가진 것에 감사하는 삶이야말로 축복이 아닐 수 없다. 부모가 선행을 베풀었듯, 아이들도 자신이 가진 것을 사회에 돌려줄 줄 아는 사람으로 성장할 것이다. 돈으로 헤아릴 수 없는 대가를 받는 셈이다.

주는 만큼 돌아온다

유교의 대표 경전인 『주역』의 첫 장에 이런 말이 나온다.

적선지가 필유여경積善之家 必有餘慶. "선행을 쌓으면 반드시 집안에 경사가 찾아온다"는 뜻이다. 한국 역사 최고의 청부로 꼽히는 경주 최부잣집은 철저하게 베풂으로써 만석꾼의 부를 유지했다. 최부잣집은 "사방 100리 안에 굶어 죽는 사람이 없게 하라.", "재산은 만 석 이상 모으지 말고 사회에 환원하라." 등과 같은 가훈을 철저히 지켰다. 구한말까지만 해도 손가락에 꼽히는 조선의 사대부 집안은 기부, 즉 적선이 생활에 배어 있었다. 기부에 인색했던 부자들이 동학혁명이나 한국전쟁 때 호된 고초를 겪었던 사실은 적선의 진가를 상기시킨다. 또 가진 것을 내어줌으로써 얻는 기쁨과 행복은 무엇과도 바꿀 수 없는 대가일 것이다.

유대인은 남을 도울 때도 도움받는 이들의 존엄성을 최대한 배려해야 한다고 강조한다. 유대인들은 도움받는 것을 매우 꺼리기 때문이다. 유대인은 기부를 받을 상황이 되지 않도록 어떤 일이건 마다하지 않고 최선을 다한다. 그럼에도 어쩔 수 없이 도움을 받아야 할 때는 그것에 대해 어떤 수치심도 느낄 필요가 없다고 생각한다. 랍비 샴마이는 "어떤 사람이 세상의 모든 것을 친구에게 선물한다고 하더라도 인색한 마음으로 하면 아무것도 주지 않는 것과 마찬가지이며, 어떤 사람이 친구에게 아무것도 주지 못하지만 기쁨으로 그를 맞아 준다면 세상의 모든 선물을 주는 것과 같다.”라고 말했다. 유대인의 기부와 자선의 문화는 이러한 정신에서 태어났다.

일각에선 유대인의 기부를 곱지 않은 시각으로 본다. 기부금의 많은 부분이 유대인에게만 쓰인다는 점, 그리고 자신들의 영향력을 행사하기 위한 로비자금으로 많이 사용된다고 지적한다. 그럼에도 유대인의 나눔에 대한 철학은 배울 부분이 있다. 유대의 격언에 “세계는 배움과 일과 자선 위에서 이뤄지고 있다.”라는 말이 있다. 열심히 배우고, 일을 잘한다 해도 자선이 빠지면 세계는 제대로 돌아갈 수 없다는 의미다.

혹시 아이에게 하나라도 더 가지라고 부추기고 있지는 않은지, 되돌아보자. 아이에게 다른 사람들을 돕는 기쁨을 알려 주면 좋겠다. 그것이 곧 삶의 축복으로 돌아온다는 사실을 아이에게 꼭 알려 주자. 부모가 솔선수범한다면 아이는 자연스럽게 함께할 것이다. 아이와 함께 ‘더 나은 세상’을 만드는 데 동참해 보자. 아이는 ‘더 나은 세상을 만들겠다.’라는 큰 비전을 갖게 될 것이다. 그만큼 더 큰 그릇으로 성장할 것이다.

아이와 함께 실천해 보세요!
1. 집에 기부함을 만들고, 기부를 습관화하세요.
2. 아이에게 용돈의 10분의 1 정도를 기부하도록 가르쳐 보세요.
3. 기부나 봉사 활동을 통해 돌아오는 기쁨을 느끼게 하세요.

재물, 가족, 선행

옛날 어느 왕국에 한 청년이 살고 있었다. 그에겐 세 친구가 있었다. 첫 번째 친구는 가장 친하다고 생각하는 친구였고, 두 번째 친구는 그렇게 친하지는 않지만 좋아하는 친구였다. 세 번째 친구는 이름만 아는 친구였다. 어느 날 왕으로부터 한 통의 편지가 도착했다. 왕궁으로 출두하라는 명령이었다. 그는 자신이 뭔가 잘못을 저질렀기에 왕에게 불려가는 것이라고 생각했다. 그래서 세 친구 중 한 명을 데리고 가기로 했다.

먼저 가장 신뢰하는 첫 번째 친구에게 사정을 말하고 함께 가달라고 부탁했다. 그러자 첫 번째 친구는 쌀쌀맞게 거절했다. 하는 수 없이 두 번째 친구에게 부탁했더니 왕궁 입구까지만 같이 가주겠다는 조건을 달았다. 믿었던 두 친구에게 배신감을 느낀 청년은 마지막으로 세 번째 친구에게 부탁해 보았다, 그러자 평소 친분이 깊지 않았음에도 세 번째 친구는 "당연히 함께 가야지. 자네는 아무 죄가 없지 않은가. 내가 왕을 만나 보겠네."라고 말하며 그를 위로했다.

이 이야기에서 첫 번째 친구는 '재물'을 의미한다. 아무리 친해도 죽을 때 가져갈 수는 없다. 두 번째 친구는 '가족'이다. 죽는 순간까지 내 곁을 지켜 주는 소중한 존재지만, 결국 나를 잊고 만다. 세 번째 친구는 '선행'이다. 평소에는 눈에 띄지 않지만 죽은 후에도 나를 기억하게 하고, 내 이름을 따라다니는 것은 오직 선행뿐이다. 유대인 부모라면 아이에게 반드시 이 이야기를 들려주면서 남을 돕는 일이 얼마나 중요한지 일깨운다.

-『탈무드』중에서

모든 관계의 기본,
신뢰를 가르쳐라

계약을 생명과도 같이 여기는 유대인은 자녀에게 약속의 중요성을 가르친다.
부모와 자녀 사이의 약속부터 잘 지켜 신뢰를 쌓아 보자.

유대인들은 모든 관계에서 신뢰를 최고로 여긴다. 오랜 떠돌이 생활에서 신뢰는 곧 생명과도 같았다. 유대인들은 사기와 배신 등으로 전 재산을 잃기도 하고 죽임을 당하기도 했다. 그 때문에 그 어떤 것보다 신용을 중시했다. 유대 격언에 "신용이 없으면 문이 열리지 않는다."라고 했다. 유대인 사이에서는 단 한 번이라도 신용을 어기면 앞으로 그 어떤 거래도 할 수 없게 된다. 유대인들은 '한 번 맺은 계약은 반드시 지킨다.'라는 신뢰를 통해 세계 각국에서 막대한 부를 쌓았다.

'계약의 민족'이라 불리는 유대인은 하나님과의 관계도 계약으로 맺어져 있다고 믿는다. 하나님이 모세를 통해 내린 십계명은 하나님과 유대인 사이의 계약이라는 것이다. 따라서 유대인에게 계약 위반은 신과의 약속을 어기는 것이자 신에 대한 모독이요 신의 준엄한 심판을 받게 되는 일이다. 유대인은 계약을 중시하기에 계약 관계가 성립되면 어떤 경우에도 이를 지킨다. 나라 없이 남의 나라에서 장사해야만 했던 유대인은 불리한 여건을 극복하기 위해 더욱 약속을 존중했다.

이와 같은 신뢰를 바탕으로 유대인은 현재 전 세계 보석 시장을 장악하다시피 하고 있다. 특히 다이아몬드 시장에서 유대인의 점유율은 80%가 넘는다. 작지만 고가인 다이아몬드 비즈니스는 신뢰가 생명이다. 유대인들은 수백만 달러의 다이아몬드를 거래할 때 현금이나 계약서를 쓰지 않는다. 대신 '마잘(축하해)'이라 외치며 악수를 나누는데, 이로써 거래가 성사된 것을 의미한다. '마잘'은 행운 또는 운명을 뜻하는 히브리어다. 이와 같은 다이아몬드 거래는 유대인 보석상들의 오랜 전통이다. 그만큼 계약을 잘 지키고, 서로를 신뢰한다는 의미다.

신뢰를 기반으로 우뚝 선 사람들

유대인 상인이 해서는 안 되는 세 가지가 있다. 첫째는 상품에 대해 과대선전을 하지 말 것, 둘째는 상품값을 올리기 위해 저장해 두지 말 것, 셋째는 상품을 재는 자나 말 같은 계량을 속이지 말 것이다. 예부터 유대인들은 계량기를 감독하는 관리가 있었다. 여름과 겨울에는 크기를 재는 줄도 다른 것으로 사용했다. 줄도 날씨에 따라 늘거나 줄수 있기 때문이다. 그만큼 철저히 믿고 거래할 수 있었다.

랍비 라바라에 따르면 인간이 죽어서 하늘나라에 가면 가장 먼저 묻는 말은 "그대는 장사꾼으로 정직했는가?"이다. 유대인은 장사할 때 '키도시 하셈'을 따른다. 이 말은 직역하면 '이름을 거룩하게 한다.'라는 의미다. 다시 말해 이름을 더럽히면 안 된다는 의미로 자신이나 가문뿐 아니라 동족의 이름도 더럽히지 말아야 한다는 의미까지 담고 있다. 그 때문에 장사할 때 남을 속이지 않는다.

성공한 유대인 가운데는 신뢰를 기반으로 우뚝 선 이들이 많다. 세계적 금융회사 JP모건의 성공 신화가 대표적이다. 1835년 월스트리트에서 600여 채의 건물을 잿더미로 만든 대형 화재가 발생했다. 당시 JP모건의 할아버지 조지프 모건은 작은 보험회사인 애트나^{Aetna}의 주주 중 한 명이었다. 보험가입자들에게 배상금을 모두 지불하면 보험회사는 망할 상황에 처했다. 다른 주주들은 자신의 주식을 빼달라고 요구했으나, 모건은 자신의 신용을 지키는 쪽을 택했다. 자신의 모든 재산을 털어서 다른 주주들이 내놓은 주식을 전부 인수하고, 배상금도 전액 지불했다. 이러한 사실이 알려지면서 애트나는 월스트리트에서 신뢰받는 보험회사로 성장하게 되었다.

전 세계 금융을 주무르는 로스차일드 가문 또한 신용을 목숨처럼 여겼다. 프랑스군이 프랑크푸르트로 진격할 때의 일이다. 나폴레옹의 반대편에 섰던 백작 빌헬름은 중요한 서류와 재물을 자신의 집사였던 마이어 로스차일드에게 맡겼다. 로스차일드는 빌헬름 백작의 재물을 그의 정원 한구석에 파묻었다. 그리고 자신의 재산은 숨기지 않는 기지를 발휘해 위기를 모면했다. 만약 로스차일드가 자신의 재산까지 전부 숨겼다면 프랑스군은 집안 전체를 뒤져 모든 것을 빼앗아갔을 것이다.

프랑스군이 떠난 뒤 로스차일드는 숨겨둔 빌헬름의 돈으로 소규모 금융업을 시작해 기반을 닦았다. 전쟁이 끝난 뒤 빌헬름 백작이 돌아왔을 때 로스차일드가 빌헬름 백작에게 맡겨둔 재산과 이자까지 더해 돌려주려고 하자, 빌헬름은 이렇게 말했다.

"당신이 얹어 주는 이자도, 아니 원금도 돌려받지 않겠다. 내 돈은 앞으로 20년 동안 2% 이하의 이자로 그대에게 맡기겠다." 다른 이들로부터 신뢰를 얻는 일이 성공의 씨앗임을 보여 주는 이야기들이다.

약속을 지키는 것은 신뢰를 강화하는 최고의 방법

계약을 생명과도 같이 생각하는 유대인은 자녀에게 약속의 중요성에 대해 귀에 못이 박히도록 강조한다. 아무리 사소한 약속이라도 반드시 지켜야 한다고 가르친다. 작은 약속조차 지키지 않는 사람이 큰 약속이라 해서 지킨다는 보장이 없다. 『성공하는 사람들의 8번째 습관』의 저자 스티븐 코비는 "약속을 하고 지키지 않는 것보다 신뢰를 급속히 떨어뜨리는 것은 없다. 반대로 약속을 지키는 것보다 확실하게 신뢰를 강화하는 것도 없다."라고 말했다. 그는 약속을 지키는 데 따른 대가를 치를 마음의 자세가 돼 있지 않다면 약속을 하지 말라고 조언한다.

유대인은 약속을 잘 지키는 아이로 키우기 위해 아이와의 약속은 반드시 지킨다. 아주 작은 것이라 해도 마찬가지다. 정말 피치 못할 사정이 생겨 약속을 지킬 수 없다면 아이에게 허락을 구한다.

유대인 부모는 그 순간을 모면하기 위해 즉흥적인 거짓말이나 또 다른 약속을 하지 않는다. 선의의 거짓말도 피하는 것을 원칙으로 한다. 결국 아이로부터 신뢰를 잃을 뿐 아니라 아이에게 나쁜 본보기가 된다는 생각에서다.

유대인 부모는 또 당근과 채찍을 적절히 사용한다. 아이가 약속을 잘 지켰을 때는 구체적으로 무엇을 잘했는지 아낌없이 칭찬과 격려를 한다. 반대로 아이가 약속을 지키지 않았을 때는 화를 내거나 비난하지 않고 'TV 보기 하루 금지' 등과 같은 벌을 준다. 신뢰를 얻는 첫 단추는 약속을 잘 지키는 것이다. 아이에게 약속의 중요성을 반드시 일깨워 주자.

아이에게 무언가 약속하면, 반드시 지켜라.

지키지 않으면, 당신은 아이에게 거짓말하는 것을 가르치는 것이 된다.

−〈탈무드〉 중에서

아이와 함께 실천해 보세요!

1. 아이와 한 약속은 반드시 지키세요.
2. 아이가 약속을 잘 지켰을 때 구체적으로 칭찬해 주세요.
3. 아이가 약속을 어겼을 때는 비난하지 않고 적절한 벌을 주세요.

유대인 부모는
왜 시계를 선물할까?

시간을 잘 관리하는 것은 인생을 창조하는 것과 같다.
효과적으로 시간을 관리하는 아이는 시간 부자로 살아갈 것이다.

유대인 아이들은 열세 살이 되면 성인식을 치른다. 이때 부모로부터 손목시계를 축하선물로 받는다. 늘 시간을 소중히 여기라는 의미다. 유대인 부모는 아이가 어릴 때부터 시간의 가치를 알려 주고 생명과도 같은 시간을 어떻게 써야 할지 자녀와 대화를 많이 나눈다. 그 때문에 아이는 자기가 그날 해야 할 일을 스스로 정하고, 우선순위 원칙에 따라 계획을 짠다. 여기서 중요한 것은 지킬 수 있는 계획을 세워야 한다는 점이다. 무리하게 계획을 세우면 정해진 시간에 끝내지 못하고, 이 패턴이 반복되면 시간 관리 습관을 들이기 힘들어진다.

하버드대학교 교수 리처드 라이트는 15년간 하버드 대학생 1,600명을 인터뷰해 학업 성적이 높은 학생들의 공통점을 조사했다. 결론은 시간 관리를 잘하는 학생은 예외 없이 성적도 좋았다는 것이다. 리처드 교수는 "이들은 목표를 정하고, 일의 중요도에 따라 행동하기 때문에 시간에 쫓기지 않고도 원하는 바를 얻을 수 있었던 것"이라고 분석했다.

효과적인 시간 관리를 위해서는 우선 목표를 정하고, 그에 따른 구체적인 계획을 세워야 한다. 그리고 우선순위를 따져 실천에 옮기는 연습을 하다 보면 아이는 어느새 '시간 부자'로 성장해 나갈 것이다.

시간 관리 전문가 로타르 J. 자이베르트는 "자신과 인생의 기쁨을 위한 시간이 가장 가치 있다."라고 했다. 아이가 '하루'라는 시간 동안 자기 자신의 목표를 세우고, 자신이 하는 일에 진정으로 기쁨을 느낄 수 있도록 일깨워 주면 좋겠다. 그것이야말로 최고의 시간 관리법이고, 시간 관리가 주는 선물이다.

시간을 잘 관리한다는 것의 의미

시간은 누구에게나 공평하게 주어지는 조건이다. 누구에게나 한정된 요소다. 돈은 빌릴 수 있고, 노동력은 돈으로 살 수 있지만 시간은 빌릴 수도, 살 수도, 더 많이 가질 수도 없다. 지나간 시간은 돌이킬 수도 없다. '경영학의 아버지' 피터 드러커는 "목표를 달성한 사람과 그렇지 못한 사람을 구분하는 것은 시간 관리"라고 단언한다. 그럼에도 많은 사람이 '이 독특하고 대체불가능한 필수자원'을 당연한 것으로 취급한다.

흔히들 시간을 금에 비유하지만, 유대인들은 시간을 생명과 같이 생각한다. 금은 돈을 주고 살 수 있지만, 시간은 돈을 주고도 살 수 없기 때문이다. '내세'나 '불교의 윤회 사상'을 믿지 않는 유대인은 오직 지금 현재의 삶에 최선을 다한다. 시간이 유한함을 알기에 한시도 허투루 쓰지 않는다. "시간을 훔치지 말라."라는 유대 격언이 있다. 단 1분 1초라도 다른 사람의 시간을 허비하게 해서는 안 된다는 의미다. 유대인들은 시간도 돈과 마찬가지로 도둑맞는다고 생각한다.

그렇기에 유대인은 항상 '1초, 1분에 얼마'라는 생각으로 일한다. 이러한 사고방식을 가진 이들은 시간을 낭비하는 것은 돈, 금을 잃어버리는 것과 같다. 한 달 수입이 30만 달러인 유대인이라면 그는 하루에 1만 달러, 1시간에 1,200달러를 버는 셈이다. 1분이면 20달러 정도의 가치가 나온다. 그 때문에 1분이라도 쓸데없는 일에 시간을 쓰지 않는다. 근무 시간에는 가능한 한 통화도 용건만 간단히 하고, 계획된 업무와 관련된 일에 집중한다.

유대인은 미팅할 때에도 대개 몇 시 몇 분부터 몇 분간이라고 정확히 시간을 정한다. 이들은 면담시간을 3분, 5분으로 쪼갤 만큼 시간관념에 철저하다. 친한 친구 사이라 해도 공사를 구분해 일은 일일 뿐이다. 유대인은 업무에 사적인 감정을 개입하지 않는다. 이러한 유대인의 특성 때문에 유대인이라면 그저 혀부터 내두르는 이들도 있지만, 그만큼 일에 철저하기에 믿고 맡길 수 있다는 평가가 따른다.

유대인은 약속 시간을 정할 때 5분, 10분 단위로 정한다. 만약 상대방이 약속 시간을 지키지 않으면 기다리지 않는다. 다음으로 연기하지도 않는다. 그리고 그 시간 약속을 어긴 사람과는 절대 비즈니스를 하지 않는 것이 원칙이다. 기본 중의 기본인 시간 약속조차 지키지 않는 사람이 큰 거래라고 지킬 리 없다는 판단에서다. 유대인들은 그것이 아무리 작은 약속이라 할지라도 곧 신용과 직결된다고 믿기에 철두철미하게 지킨다.

시간을 잘 지키는 것은 성실성의 기준이 된다. 늘 제시간에 맞춰 나오는 사람은 그 하나만으로도 신뢰를 얻는다. 믿을 만하다는 평가를 듣는다. 반면 늦는 사람은 늘 정해져 있다. 매사 정신없이, 정리 안 된 삶을 살 가능성이 크다. 사회적으로 성공한 사람들일수록 시간 약속이 철저하다. 늦기는커녕 일찌감치 나와서 상대를 기다리는 경우가 대부분이다. '석유왕' 록펠러의 어머니는 어린 아들에게 두 가지를 명심하게 했다. "예배 시작 30분 전에 교회에 도착할 것, 그리고 맨 앞에 앉을 것"이다. 별것 아닌 것 같지만 신뢰의 기본이 되는 수칙이다.

시간을 대하는 태도가 성공의 여부를 결정한다

『탈무드』에는 시간 관리의 중요성에 대해 "매일, 오늘이 네가 끝나는 날이라고 생각하라. 매일, 오늘이 네가 시작하는 날이라고 생각하라."라고 말한다. 『시간 창조자』의 저자 로라 밴더캠은 "시간은 관리하는 것이 아니라 창조하는 것"이라고 한다. 시간을 창조한다는 것은 곧 인생을 창조하는 것과 같다. 하루에 1시간이면 1주일에 7시간, 한 달이면 30시간, 1년이면 365시간이다. 시간을 대하는 태도가 성공의 여부를 결정한다.

시간 활용을 잘하는 이는 다른 사람보다 훨씬 많은 일을 이뤄내는 가운데서도 여유가 있다. 미리 무리하지 않은 선에서 계획을 세우고 반드시 그 시간 안에 해내기 때문이다.

시간을 대하는 방식은 운명을 결정한다. 아이의 미래가 달린 시간 관리법은 일찍 가르칠수록 좋다. 아이가 스스로 하루 계획을 세우게 한 뒤, 지킬 수 있는 계획인지 함께 이야기를 나눠 보자. 계획표에 휴식과 놀이 시간이 적절히 분배돼 있는지도 살펴보아야 한다. 자신이 세운 목표를 주어진 시간 안에 반드시 해내는 습관을 기르도록 지켜 봐 주자. 아주 작은 성공의 경험이 모여 습관이 된다. 시간을 잘 쓰는 사람이 가치를 창조한다. 3분, 5분의 시간이라도 활용하기에 따라 큰 차이를 낼 수 있다. 자투리 시간의 힘까지 아는 아이라면 시간 관리에 관한 한 달인의 경지에 오른 셈이다.

아이와 함께 실천해 보세요!

1. 시간 관리를 잘하면 자유시간이 늘어난다는 인식을 갖게 하세요.
2. 시간 계획표는 아이가 쉽게 지킬 수 있도록 스스로 짜도록 유도하세요.
3. 모든 활동에 마감 시간을 정해 시간 안에 끝마치게 하세요.
4. '중요한 것부터 먼저 하기'를 알려 주고 실천하게 하세요.
5. 자투리 시간, 틈새 시간을 이용하게 하세요.

"형제의 머리를 비교하면 둘 다 죽이지만,
개성을 중시하면 둘 다 살린다."
-유대격언

"가르침을 무턱대고 받아들이는 사람은
권력과 자기 자신을 부패하게 한다."
-탈무드

"100명의 유대인이 있다면
100개의 의견이 있다."
-유대격언

"젊었을 때는 돈을 빌려서라도 훌륭한 인적 네트워크를 만들어야 한다.
물은 어떤 그릇에 담느냐에 따라 모양이 달라지지만,
사람은 어떤 사람을 사귀느냐에 따라 운명이 결정된다."
-히구치 히로타로

돈은 버는 것이 아니라 불리는 것이다.

-탈무드